食べ放題本

静岡県の人気バイキング&ビュッフェ

40軒

食べ放題のご案内。

あなたは、どんな食べ放題をお望みですか？
とにかくいろいろな種類をたくさん食べたい。
ほかではちょっと食べられない料理のある個性的な店に行きたい。
ホテルのビュッフェで贅沢気分を味わいたい。
家族で食べ放題にGO！レジャー気分でちょっと遠出したい。
近場でディナーバイキングがしたい……。
そんなみなさんの声にできる限り応えたいとの思いから
この本は作られました。
より便利に使っていただけるよう、
その見方を少し解説します。
では、みなさん、どうぞお気に召すまま、
食べ放題をご堪能ください。

5つのカテゴリーに分けました。

専門店バイキング	個性派揃いのバイキング専門レストラン
ホテルバイキング	ホテルのビュッフェレストラン、オーダーバイキングレストラン
+αバイキング	観光や温泉など、+αも楽しめるバイキングレストラン
レストランバイキング	通常メニューのほか、「食べ放題メニュー」もあるレストラン
スイーツバイキング	ケーキなどのスイーツがメインのバイキングカフェ、レストラン

どんなジャンルの料理が食べられるか一目でわかるようにしました。
※料理ジャンルはフェアの有無・季節等によって異なります。

バイキングはランチorディナー？制限時間は？ 料金は？ の基本情報をまとめました。

さらに詳しい時間帯、料金、メニュー情報、知って得する一口メモを掲載しました。
※メニュー欄の料理名は一例です。ドリンクの[込]は、バイキング料金に含まれるドリンク例です。[別]は、別途料金が発生するドリンク例です。

Good! 取材ライターが見た！聞いた！感じた！グッドポイントを紹介しています。

コラムページでは朝食バイキング4軒を紹介しています。

☎=電話番号
営=営業時間　休=定休日
席=席数　P=駐車場台数

※定休日の表記は年末年始、お盆休み、ゴールデンウィークの休みは省略しています。
※情報は2012年3月4日現在のもので、時間帯、料金等は変更される場合もあります。
※掲載料理写真は取材時のもので、料理内容や陳列の方法はフェアの有無・季節等によって異なります。イメージ写真のものもあります。

食べ放題本

静岡県の人気バイキング&ビュッフェ 40軒

専門店バイキング

- 御殿場高原ビール バイキングレストラン 麦畑 …… 06
- 自然食レストラン わが家の台所 …… 08
- 八菜 Deux Branches …… 10
- やさしい食彩 葡萄の丘 …… 12
- みんなの笑顔 おひさま食堂 …… 14
- どんどこあさば あぐりレストラン 陽だまり …… 16
- バイキングレストラン 四川飯店浜北店 …… 18
- ドルチェスタ！ …… 20
- シャンボールガーデン伊場店 …… 22
- 農場のレストラン とんきい …… 24
- ポルトフィーノ浜松志都呂店 …… 26

ホテルバイキング

- 沼津リバーサイドホテル DINING RESTAURANT KEYAKI …… 28
- ホテルセンチュリー静岡 ブッフェ・ダイニング ラ フルール …… 30
- ホテルアソシア静岡 中国料理 梨杏／パーゴラ …… 32
- 静岡グランドホテル中島屋 ブッフェレストラン クロスロード …… 34
- 掛川グランドホテル ビュッフェレストラン シルクロード …… 36
- オークラアクトシティホテル浜松 レストラン フィガロ …… 38
- ホテルクラウンパレス浜松 バイキングレストラン ベルファサード …… 40
- ホテルコンコルド浜松 ベーカリー・ブッフェ・ダイニング シャンゼリゼ／王府井 …… 42
- グランドホテル浜松 中国料理 朱茂琳／サニーサイド …… 44
- ホテルグリーンプラザ浜名湖 レストラン みなも …… 46

食べ放題本 | 04

コラム

ちょっと早起きして 朝食バイキング

- 牧之原SA上り 静鉄レストラン … 48
- 牧之原SA下りジェイティービーレストラン 和食処 季楽々喜 … 48
- 浜名湖SA浜名湖近鉄レストラン 湖の見えるレストラン … 49
- ホテルクエスト清水 レストランクオモ … 49

+αバイキング

- 伊東ホテル聚楽 Restaurant BALI-HAI … 50
- 伊豆洋らんパーク バイキングレストラン … 52
- 伊豆長岡 ホテル天坊 旬の坊 … 54
- まかいの牧場 農場レストランでいただきます … 56
- 富士ミルクランド まきばの駅 農家レストラン … 58
- 焼津グランドホテル The Dining 炎の香 … 60
- ホテルウェルシーズン浜名湖 健菜美食ビュッフェ るぴなす … 62
- 浜名湖レークサイドプラザ レストラン ミコノス … 64

レストランバイキング

- しゃぶしゃぶ 彩遊記 … 66
- インド&パークレストラン Aladdin … 68
- 香港飲茶酒家 リトルドラゴン … 70
- 炭火焼肉・しゃぶしゃぶ処 壽 … 72
- Choupana浜松店 … 74

スイーツバイキング

- 不二家富士高嶺町店 … 76
- スイーツパラダイス … 78

| スイーツバイキング | レストランバイキング | +αバイキング | ホテルバイキング | **専門店バイキング** |

ドリンク スイーツ 寿司 肉 中華 エスニック フレンチ イタリアン 洋食 和食

時間帯 終日
制限時間 60分・80分
料金 2100円〜（大人）

1 箱根西麓野菜のおいしさがギュッと詰まった蒸し野菜、エビ、ホウボウ　2 この月の寿司は、マグロ、炙りサーモン　3 人気の「チョコファウンテン」

家族や仲間で楽しむ日に
おかわり自由の地ビールで乾杯!

「御殿場高原ビール」のバイキングは、もちろん地ビール飲み放題。和食に合うスッキリとした黒ビール「シュバルツ」や、さわやかな森の香りを感じる「御殿場コシヒカリラガー」などの4種の定番ビールと、月替わりの季節のビールを存分に楽しめる。オープンキッチンで作られる料理は、「鉄板ステーキ」をはじめ、「中華五目あんかけ」や「チリコンカン」などさまざま。和食コーナーでは、約4種のネタを味わう寿司や天ぷら、箱根西麓野菜の蒸し野菜が好評だ。そのほか、「わらびもち」や「白玉ぜんざい」にアイスやムースなど、デザートも常時7種以上。無添加の自家製パンの脇には、「かりんとう」や「あげぱん」などのお菓子があるのもうれしい。

団体客をカバーできる広い店内で、ワイワイにぎやかに楽しめるので、子どもから年配まで幅広い世代に人気だ。

ビールにピッタリの「ガーリックチキン」

Good! レストランの目玉! 目の前で実演する焼きたてのステーキ。シェフのパフォーマンスに見とれていると、ますます食欲がそそられる。肉の香りがたまらない!

御殿場高原ビール
バイキングレストラン
麦畑
むぎばたけ

☎ **0550・87・5500**
御殿場市神山719
御殿場高原ビール内2F
営 11:00〜21:00(20:00LO)
休 無休　席 500席　P 2000台

バイキングTime
11:00〜21:00(20:00LO)
※終了時間は季節、曜日により20:30〜21:30の間で変更あり

料金
●大人（高校生以上）3150円、小中学生1575円、3〜5歳525円、2歳以下無料
※平日ランチは60分コースもあり。大人（高校生以上）2100円、小中学生1260円、3〜5歳525円

メニュー
●料理／ステーキ、寿司、ピザなど和洋中40種以上
●ドリンク／[込]ソフトドリンク15〜20種、地ビール5種 [別]ワイン、日本酒など

MEMO
●平日17:00以降は、時間制限なしのコースもある。実施日はHPで確認を。
http://gkb.co.jp/mugibatake/

麦畑／専門店バイキング | 06

ピザ、パスタ、カレー、から揚げ、スペアリブ、麻婆豆腐、静岡おでんなど、目移りするほどの料理が季節毎に登場する

| スイーツバイキング | レストランバイキング | ＋αバイキング | ホテルバイキング | **専門店バイキング** |

ドリンク スイーツ 寿司 肉 中華 エスニック フレンチ イタリアン 洋食 和食

時間帯	制限時間	料金
ランチ・ディナー	**無制限**（土・日曜、祝日90分・120分）	**1890円～**（大人）

1. サクサクの焼きたてパンは、11:30と18:30に焼きあがる
2. サラダいろいろ
3. 揚げたての天ぷら、かき揚げやから揚げも
4. 「五穀米の中華チャーハン」

安心・安全・健康をテーマに野菜たっぷりのオリジナル料理を

　「その土地でその季節に採れる素材を食べる」というマクロビオティックの考えをもとに、安心・安全な食材を使ったレストラン。無農薬有機栽培の野菜はもちろん、無添加調味料にもこだわった体にやさしい料理が揃う。昔ながらの家庭料理をベースに、洋食や中華にもアレンジしたメニューは40種以上と多彩。サラダや煮物などヘルシーで健康的な料理を中心に、カレーや麻婆豆腐、お好み焼きなどもあり、お腹も満足だ。

　四季折々の季節料理や各地の郷土料理など1カ月毎にテーマが変わるほか、日替わりや週替わりのメニューも多い。毎日のように通う女性がいるのも納得だ。ルイボス茶、杜仲茶などの健康茶も日替わりで3種登場し、好みや体調に合わせた食事を楽しめる。月に1度の「マグロ解体ショー」にも注目。

Good! 10種以上のデザートコーナーにはチョコファウンテンやポップコーンも。「シフォンケーキ」は人気の定番スイーツ

自然食レストラン
わが家の台所
わがやのだいどころ

☎ **055・929・1234**

沼津市五月町17-22
営11:00～15:30（14:30LO）、17:30～22:00（21:00LO）
※土・日曜、祝日17:00～
休無休 席150席 P75台

わが家の台所

バイキングTime
11:00～15:30（14:30LO）、17:30～22:00（21:00LO）
※土・日曜、祝日17:00～

料金
●ランチ／大人（中学生以上）1890円、65歳以上1512円
※平日のみ、小学生945円、6歳以下420円、2歳以下無料
●ディナー／大人（中学生以上）2310円、小学生1155円、6歳以下525円、2歳以下無料

メニュー
●料理／オーガニック野菜を使った和食ベースの料理40種以上
●ドリンク／[込]健康茶、ハーブティーなど20種
[別]90分飲み放題はプレミアムモルツ＋1050円、12種のアルコール＋1890円

MEMO
●平日ディナーは女性3人以上から1人1995円
●月曜シルバー、火曜マタニティー、木曜メンズ割引あり

わが家の台所／専門店バイキング　08

筑前煮

きんぴら
レンコン

旬の地場野菜をはじめ、朝霧ヨーグ
清水養鶏場の美黄卵、無添加天然酵
醤油や味噌など、県内のおいしい素材
ろいろ。ご飯は御殿場産コシヒカリの
玄米、古代米が揃う

| スイーツバイキング | レストランバイキング | ＋αバイキング | ホテルバイキング | 専門店バイキング |

ドリンク スイーツ 寿司 肉 中華 エスニック フレンチ イタリアン 洋食 和食

時間帯 ランチ・ディナー（土・日曜、祝日は終日）
制限時間 90分・120分（ランチ）（ディナー）
料金 1700円〜（大人）

① 白和え、きんぴらなどが並ぶ和惣菜コーナー ② ディナータイムには握り寿司や魚介の天ぷらが登場する ③ 「野菜のウーロン茶蒸し」 ④ 豆や海藻など、体のためにたくさん採りたい食材が揃う ⑤ 魚介の主菜「蟹なます」

四季の野菜を彩り良く美しく
ヘルシーメニューで体も喜ぶ

　静岡パルコの7階、女性客からの支持が圧倒的に厚いヘルシービュッフェがこちら。店内に入るとすぐに気付くのは、料理に使われている色とりどりの野菜の多さ。八菜、つまり「さまざまな野菜」を、ドゥブランシェ「二つの枝＝お箸」で食べるというコンセプトそのままの店名通り、旬の野菜を、繊細な和の手法で調理している。
　大きなセイロに根菜が並んだ「野菜のウーロン茶蒸し」は、シンプルな調理法で、野菜の食感や旨味を引き出した代表的メニュー。ゆず味噌・ゴマだれ・ポン酢など、好みのソースで味わえる。なかなか家庭では調理しない、乾物、豆のメニューや、雑穀米、海藻類など、「これならたっぷり食べてもヘルシー」と思える料理が揃うのもうれしい。デザートも和スイーツを中心に、さらに充実を図る予定だというから楽しみだ。

一口大のスイーツが多数揃う

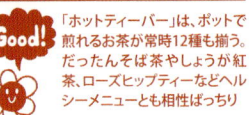

Good! 「ホットティーバー」は、ポットで煎れるお茶が常時12種も揃う。だったんそば茶やしょうが紅茶、ローズヒップティーなどヘルシーメニューとも相性ばっちり

八菜 Deux Branches
はっさい ドゥブランシェ

☎ 054・275・5532

静岡市葵区紺屋町6-7
静岡パルコ7F
営 11:00〜16:00、17:30〜22:00※土・日曜、祝日11:00〜22:00
休 無休　席 117席　P パルコに準ずる

バイキングTime
●ランチ／11:00〜16:00（最終入店15:00）※土・日曜、祝日〜17:00
●ディナー／17:00〜22:00（最終入店21:00）

料金
●ランチ／大人（中学生以上）1700円、小学生1070円、幼児535円、3歳以下無料
●ディナー／大人（中学生以上）2100円、小学生1280円、幼児535円、3歳以下無料

メニュー
●料理／揚げたて天ぷら、十三雑穀米、江戸前寿司（ディナー限定）など50種
●ドリンク／[込]だったんそば茶、ソフトドリンク各種など15種以上　[別]ディナータイムアルコール飲み放題男性＋1365円、女性＋1050円

MEMO
●カフェタイム（平日15:00〜17:00）は、ケーキ＆デザート・ソフトドリンクバーが楽しめる。大人（中学生以上）680円、小学生535円、幼児535円、3歳以下無料

八菜 Deux Branches／専門店バイキング

ヘルシーでおいしく、見た目も美しいものでお腹をいっぱいに。そんな欲張りな女子にぴったり。から揚げやハンバーグ、パスタなども揃うため、ファミリー層にも人気

| スイーツバイキング | レストランバイキング | ＋αバイキング | ホテルバイキング | **専門店バイキング** |

ドリンク スイーツ 寿司 肉 中華 エスニック フレンチ イタリアン 洋食 和食

時間帯
ランチ・ディナー

制限時間
無制限
※予約した場合はランチ90分、ディナー120分

料金
1680円〜
（大人）

やさしい食彩
葡萄の丘
ぶどうのおか

☎ 054・204・9311

静岡市清水区草薙1-28-1
営11:00〜16:00、18:00〜22:00※土・日曜、祝日17:30〜22:00
休無休 席120席 P40台

1 いろいろ食べたい欲張りさんにうれしい、一口サイズのデザート　2 草薙の白菜を使った「白菜の梅肉和え」　3 「卯の花」（おから炒り）　4 「豚肉の黒糖煮」と草薙 伊藤さんちの「ふろふき大根」　5 草薙 内藤さんちの「南瓜の薬膳煮」

たくさん食べてもヘルシー
野菜中心の体にやさしいビュッフェ

　オープンは2007年春。毎日開店とともに満席になる人気店として話題になった、県中部のビュッフェレストランでは先駆け的存在の店だ。ここの特長は何といっても野菜を使った体にやさしい料理の数々。使われる食材のうち9割が野菜で、仕入れ先の半数は市内や草薙周辺など近隣の生産者。顔写真が店内のあちこちに貼ってあり、料理を盛った皿に「草薙　滝さんちのキャベツのホイコーロー」などと書かれたポップもあって親近感がわく。もちろん野菜は採れたてで新鮮そのもの。「例えば大根ひとつ取っても、シンプルなサラダや煮物からちょっと変わった一品までいろいろな料理があります。こんな食べ方もあるんだ！と感じていただけたら」と店長の芝野匡嗣さん。
　2011年はセノバ店がオープン。こちらは魚中心のメニュー構成となる。

歯ごたえを楽しめる新鮮野菜のスティックサラダ

Good! 食材を選んでスタッフに渡し、目の前で揚げてくれる天ぷらコーナーが人気。野菜のほかにキスやエビなど魚介類も。揚げたてを天つゆや塩で召し上がれ

バイキングTime
11:00〜16:00（最終入店15:00）、18:00〜22:00※土・日曜、祝日17:30〜（最終入店21:00）

料金
●ランチ／大人（中学生以上）1680円、小学生980円、4歳以上420円、3歳以下無料
●ディナー／大人（中学生以上）1980円、小学生1100円、4歳以上420円、3歳以下無料

メニュー
●料理／旬の野菜料理を中心に健康豊穀ご飯、天然酵母パン、スープ、パスタ、デザートなど50〜60種
●ドリンク／[込]コーヒー、健康茶、ブレンドティーなどソフトドリンク約30種　[別]ビール、チューハイ、果実酒、カクテルなど　※アルコールは男性＋1500円、女性＋1000円で飲み放題に

MEMO
●混雑を避けるには予約がベター（前日まで）。ただし11時スタートで90分、18時スタートで120分の時間制限あり　●宴会プラン2980円（食べ放題＋飲み放題）は平日限定。問い合わせを

葡萄の丘／専門店バイキング 12

メインテーブルに並ぶ野菜料理の数々。それぞれの量は一見少なめだが、頻繁に追加されるので最初から焦って取り置きしなくても大丈夫。前とは違う料理が出てくることもあるのでお楽しみに。「揚げ桜海老入り揚げ出し豆腐」、「柚子胡椒香る冷しゃぶサラダ」、「さつまいものクリーミーサラダ」、「肉じゃが」、「季節のピクルスピリ辛風味」など

| スイーツバイキング | レストランバイキング | +αバイキング | ホテルバイキング | **専門店バイキング** |

ドリンク スイーツ 寿司 肉 中華 エスニック フレンチ イタリアン 洋食 和食

時間帯 ランチ・ディナー
制限時間 無制限（土・日曜、祝日）／ディナー 120分
料金 1680円〜（大人）

（土・日曜、祝日ランチ90分※13時以降は無制限）

地産地消で地域の集いを応援 笑顔があふれる健やかバイキング

　広い庭に囲まれた教会風の建物は、元々結婚式場として建てられたもの。5年前に、閉鎖され荒廃していたこの場所を地域の集いの場として蘇らせようと町の人々が立ち上がり、地場の食材を使ったレストランを2011年7月に開業。それが「おひさま食堂」だ。子どもから大人までおいしく楽しく食事してもらおうと、ビュッフェスタイルを採用。地元生産者がつくる野菜を中心に、吉田町特産の水産物や近隣市町で採れた農畜産物をふんだんに使い、地元料理人が栄養バランスに配慮したメニューをつくる。

　平日は時間制限がないこともあって、ランチは子連れのママ友たちが集まってゆっくりおしゃべり。週末は町外からやってくる家族連れ、夏は海水浴帰りの人たちも多く、店内はいつもたくさんの笑顔があふれている。

Good! 吉田町特産のシラス、アサリを使った「よしだパエリア」、同じく地元産のウナギ蒲焼きとシラス入りの「よしだ巻」。地元の恵みを感じられる一品だ

❶ 大きめ野菜がゴロゴロ入った特製「やさいカレー」
❷ 好きなだけ盛れるパフェバイキングが人気

みんなの笑顔
おひさま食堂
おひさましょくどう

☎ 0548・23・9755

榛原郡吉田町神戸2143-18
営 11:00〜22:00
休 火曜（祝日営業）
席 102席　P 50台

バイキングTime
11:00〜15:30（最終入店14:30）、17:30〜22:00（最終入店20:30）

料金
●ランチ／大人（高校生以上）1680円、中学生1280円、小学生980円、4歳以上420円、3歳以下無料
●ディナー／大人（高校生以上）1980円、中学生1380円、小学生1080円、4歳以上420円、3歳以下無料

メニュー
●料理／吉田町産の食材を使った料理、ご飯、サラダ、カレーなど50〜60種
●ドリンク／[込]コーヒー、紅茶、緑茶、りんご酢などソフトドリンク約20種
[別]ビール、日本酒、カクテル、ウィスキー、焼酎、ワインなど

MEMO
●アルコール飲み放題120分（ディナータイム）男性＋1350円、女性＋1050円
●誕生会、女子会、歓送迎会などのイベントにも対応。50〜100人の貸し切りにできる
●婚活パーティー「おひコン」などイベントも主催

地場のトマト、レタス、水菜などのサラ
野菜料理を中心に、ご飯もの、肉、魚を
ンスよく配した献立は、旬を取り入れて
替わる

| スイーツバイキング | レストランバイキング | +αバイキング | ホテルバイキング | **専門店バイキング** |

ドリンク スイーツ 寿司 肉 中華 エスニック フレンチ イタリアン 洋食 和食

時間帯 ランチ・ディナー
制限時間 無制限（土・日曜、祝日90分）
料金 1575円～（大人）

農家風健康バイキング
浅羽町と袋井のおいしいものが大集合

　地元産の大豆を丸ごと使った豆腐作りをしている「とうふ工房」と、地元栽培の米で作る「だんご工房」、それに地元野菜や地元の加工食品を売っている「農産物直売所　おかって市場」が併設された「どんどこあさば」内のレストランだ。

人気の豆乳

　「農家の方には、こんな野菜を作ってほしいとリクエストしたり、逆に調理法を教えてもらったりしています」と店長兼料理長の早川奈美子さん。毎朝、農家から直接届く野菜は、本来の風味を壊さない味つけで調理するのがモットー。きっと本物の地元のおいしさに出会えるはずだ。おかず以外にも、豆乳100%の「豆富ケーキ」や、ご存じクラウンメロンなど、地元食材にこだわったデザートもかなり美味しい！土・日曜は特に混み合うため、前日までの席予約がベター。

Good! 白米は直火のガス釜で炊き上げているからふっくらもっちり。ご飯は、混ぜご飯など含めて5種類。希少なブランド米「龍の瞳」は曜日限定で登場。コシヒカリより大粒で、おいしさお墨付き！

1 から揚げや天ぷらも米粉を使っているので油切れが良くさっぱり　**2** 「まるごと米」は玄米もち米、大豆2種入り。絶妙のもっちり感！　**3** 濃厚なのにあっさりした豆富プリンは絶品　**4** 大根のそぼろ餡かけ　**5** 店長兼料理長の早川さん

どんどこあさば
あぐりレストラン
陽だまり
（ひだまり）

☎ **0538・23・8918**
袋井市浅岡447
どんどこあさば
営 11:00～14:30、18:00～21:00
休 無休　席 82席　P 55台

バイキングTime
11:00～14:30（最終入店14:00）、18:00～21:00（最終入店20:30）

料金
● ランチ／大人（中学生以上）1575円、70歳以上1260円、小学生840円、3歳以上525円、2歳以下無料
● ディナー／大人（中学生以上）1890円、70歳以上1575円、小学生1050円、3歳以上735円、2歳以下無料

メニュー
● 料理／豆腐と海藻のサラダ、豆腐のケーキ、クラウンマスクメロン、地元産ローストビーフ（ディナーのみ）、まるごと米など30種
● ドリンク／[込]大豆まるごと豆乳、粉緑茶、はちみつゆずレモンなど
[別]ビール、焼酎、日本酒、ワインなど

MEMO
● 「おかって市場」は地元の150戸以上の登録農家が出荷する農産物と、自家製とうふ・だんご・レストラン陽だまりのお弁当などの販売を行っている。営業時間は9:00～18:00

毎朝届けられる野菜やメロン、地域の米や小麦粉など、食材の豊富さと、畑から直送される鮮度や安心感が大きな魅力。味噌や醤油、豆腐などの加工品も、手作りのスローフードが勢揃いのバイキングだ

| スイーツバイキング | レストランバイキング | ＋αバイキング | ホテルバイキング | 専門店バイキング |

ドリンク スイーツ 寿司 肉 中華 エスニック フレンチ イタリアン 洋食 和食

時間帯	制限時間	料金
ランチ・ディナー	無制限	1290円～(大人)

❶ まずは食べたい「麻婆豆腐」
❷ 甘酢がなんともクセになる「モチモチ肉の酢豚」

四川料理中心の約40種の料理にご満悦。迫力満点のパフォーマンスも圧巻！

　店内のどこからも見えるオープンキッチンはこのお店のお薦めポイントのひとつで、中華料理の醍醐味を目でも楽しめると、リピーターが集うのも納得。目にも鮮やかな料理の数々は40種以上で、本格四川料理がメイン。「陳建一」氏の味をリーズナブルに楽しめるところもありがたい。中でも「麻婆豆腐」はイチオシで、先代から受け継ぐその味はピリリとした花椒の風味と四川唐辛子の味が調和していて絶品のひと言。ぜひ味わっておきたい一品だ。

　ガッツリ食べたい男性陣にはもちろんのこと、大人気の手包み焼売などの点心も充実しているので女子会にもピッタリ。「店の味を家でも味わいたい！」という人にはテイクアウトバイキングもあり、家庭でも本物の味が楽しめる。

土・日曜、祝日のみしか味わえない「エビチリ」

Good! 「安渓鉄観音」や「プーアール茶」など本格中国茶が楽しめるのも魅力。お茶でひと息ついたら、テイクアウトをチョイス！詰め放題のバイキングパックをおみやげに

バイキングレストラン
四川飯店浜北店
しせんはんてん

☎ 053・585・7120

浜松市浜北区貴布祢1200
プレ葉ウォーク浜北1F
営 11:00～16:30(最終入店15:30)、17:00～21:30(最終入店20:30)
休無休 席80席 P3000台

バイキングTime
11:00～16:30(最終入店15:30)、17:00～21:30(最終入店20:30)

料金
●ランチ・ディナー／[平日]大人(中学生以上)1290円、小学生840円、小学生未満525円、3歳以下無料
[土・日曜、祝日]大人(中学生以上)1680円、小学生840円、小学生未満525円、3歳以下無料 ※ディナーのみ大人(中学生以上)100円増
※料金改定の予定あり

メニュー
●料理／杏仁豆腐、マンゴープリン、黒ゴマプリン各種
※土・日曜、祝日のみエビチリなど
●ドリンク／[込]中国茶全6種(色種、水仙、桂花茶、ライチ紅茶等) [別]生ビール、紹興酒、あんず酒

MEMO
●大好評のテイクアウトバイキングがリニューアル！20種以上のバイキングメニューから好みのメニューを9品選ぶことができる。平日860円、土・日曜、祝日960円

四川飯店／専門店バイキング

清潔感のある店内はオープンキッチンになっており、料理人のテクニックを間近で楽しむことができる。色鮮やかな料理についつい目が奪われてしまいそう

| スイーツバイキング | レストランバイキング | +αバイキング | ホテルバイキング | **専門店バイキング** |

ドリンク スイーツ 寿司 肉 中華 エスニック フレンチ イタリアン 洋食 和食

時間帯 ランチ・ディナー
制限時間 無制限
料金 1680円（大人）

①ビュッフェコーナーには出来たての料理が次々と並ぶ　②本格！焼きたてピッツァが好評

種類豊富なデザートビュッフェ&前菜が付く家族で行きたい気軽なイタリアンレストラン

　2011年10月にオープンした、カジュアルなイタリアン。新しい店ながらリピーター客が多い理由は、メイン料理を1人1品オーダーすると時間無制限のビュッフェが付くサービス。冷・温のオードブルが8種以上揃うほか、サラダコーナーでは10種以上ある旬の生野菜と4種のドレッシングでオリジナルサラダも作れる。

　店名通りスイーツも充実し、ショーケースの中には一口サイズの自家製ティラミス、クラッシックショコラ、チーズケーキなど常時10種以上あり、日替わりで内容も変わる。さらに、ソフトクリームに、ナタデココや8種のフルーツ、マシュマロやシリアルなどのトッピングが5種、チョコや4種のフルーツソースから好きなものをチョイスしてオリジナルパフェが作れる「パフェコーナー」も大好評だ。

鶏とポテトのオーブン焼き

Good! オリジナルパフェが作れるビュッフェコーナーの充実ぶりがうれしい。座敷席もあるので子ども連れのファミリーも気がねなく楽しめる

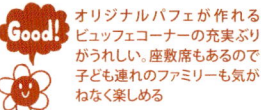

ドルチェスタ！

☎053・545・7532
浜松市浜北区内野4544-1
営11:00～15:30、17:00～22:00
休無休　席52席　P33台

バイキングTime
11:00～15:30（最終入店14:30）、17:00～22:00（最終入店21:00）

料金
●ランチ／大人（中学生以上）1680円、小学生980円、3歳以上480円
●ディナー／大人（中学生以上）1680円、小学生980円、3歳以上480円

メニュー
●料理／サラダ、フライドポテトやオニオンリングなどホットスナック、煮込みハンバーグなどの料理や、自分で作るパフェなどのスイーツ各10種以上
●ドリンク／[込]コーヒー、紅茶、コーラ、メロンソーダなどのドリンクバー、スープバー
[別]プレミアムモルツ

MEMO
●通常のプラン＋500円で、ホールケーキ、記念撮影、BGMが付く「バースデープラン」（3人以上）も受け付けている。前日までの予約が必要

メイン料理は、パスタ20種、ピッツァ10種、リゾットと種類が豊富。スイーツは一口サイズになっており、いろいろな種類のものを好きなだけ食べられる。生のフルーツも豊富に揃い、オリジナルパフェを作ることもできる。6分割に仕切られた取り皿で自分セレクトのスイーツ6品盛りも楽しんで

| スイーツバイキング | レストランバイキング | ＋αバイキング | ホテルバイキング | **専門店バイキング** |

ドリンク スイーツ 寿司 肉 中華 エスニック フレンチ イタリアン 洋食 和食

時間帯
ランチ・ディナー

制限時間
無制限
（土・日曜、祝日90分）

料金
1380円〜
（大人）

焼きたてパン、バウムクーヘンも食べ放題。ファミリーに人気の庶民派バイキング

「パンドミー」、「イチジク＆クルミブレット」、「ミニクロワッサン」…。常時10〜15種ある焼きたてパンが好きなだけ食べられる、パン屋さんが経営するバイキングレストラン（ご飯派には白米、黒米、チャーハンなどもあるのでご安心を）。ファミリーに人気というこの店の一番の特色は「イカとネギのぬた」から「煮込ハンバーグ」、「魚介のチリソース」までという、和あり、洋あり、中華ありという幅広い料理メニューにある。野菜の和えものや煮物も豊富で、そんな庶民派感覚がいい。

そして女性に話題を呼んでいるのが「治一郎のバウムクーヘン」の食べ放題！ 入り口近くに特大バウムクーヘンが置かれていて、切りたてが食べられる。「バイキング＋3種類のアルコール飲み放題」というプラン（3675円・予約）もあるのでママ会、飲み会などにもぜひ。

Good! パンは店内で随時焼いている。「ミニクロワッサン」「アーモンドフランス」、「オリーブ＆オニオン」あたりが人気だが、「治一郎のバウムクーヘン」人気も負けない

シャンボールガーデン伊場店

☎ 053・458・6511
浜松市中区東伊場2-7-1
営11:00〜14:30※土・日曜、祝日15:00、17:00〜20:20※土・日曜、祝日〜21:00
休無休 席94席 P10台
（ほかに契約あり）

バイキングTime
11:00〜14:30※土・日曜、祝日15:00、17:00〜20:20※土・日曜、祝日〜21:00

料金
●ランチ・ディナー／[平日]大人（中学生以上）1380円、小学4〜6年生1080円、小学1〜3年生780円、3歳〜小学生未満580円、2歳以下無料
[土・日曜、祝日]大人（中学生以上）1680円、小学4〜6年生1230円、小学1〜3年生930円、3歳〜小学生未満730円、2歳以下無料

メニュー
●料理／ホワイトカレー、かきあげなど約60種
●ドリンク／[込]コーヒー、紅茶、アイスコーヒーなど10種
[別]ビール、日本酒、焼酎、ワインなど

MEMO
●平日ランチに限りスイーツを含まない「スイートレスランチ」のバイキングもできる。大人（中学生以上）1050円、小学4〜6年生750円、小学1〜3年生600円、3歳〜小学生未満450円、2歳以下無料

1 「ゴボウと山クラゲと岩のり和え」、「キクラゲの明太子和え」など7種ほどの和えものが揃う
2 定番人気の「マーボー豆腐」 3 「オムレツ」 4 「寿司」、「そば」、「おでん」、「豚汁」なども
5 「ロール白菜のあんかけ」

「フライドポテト」、「パスタ」、「ミニピザ」、「グラタン」といった親しみやすいメニューが並ぶ。これが気軽に訪れることのできる秘密なのかもしれない

| スイーツバイキング | レストランバイキング | +αバイキング | ホテルバイキング | **専門店バイキング** |

ドリンク スイーツ 寿司 **肉** 中華 エスニック フレンチ イタリアン 洋食 和食

時間帯
ランチ・ディナー
(ディナーは金・土・日曜、祝日限定)

制限時間
無制限
(土・日曜、祝日は90分)

料金
1575円〜
(大人)

1 「黒豆」、「煮豆」、「うの花」、「ひじきの煮物」など約10種類の煮物が揃う 2 一番人気の「手づくりハンバーグ」は豚肉100% 3 ご飯は白米、玄米が用意されているので「とんきい特製カレー」をかけて 4 これぞおふくろの味の定番「肉じゃが」 5 ホウレンソウのシフォンケーキ、「ウコン入りおからのパウンドケーキ」とデザートにもヘルシー系が

自家農場の野菜と、豚肉、ハム、ソーセージを食べて大地の元気をもらおう

浜名湖畔で30余年、「豚」を育てている「とんきい」の農場レストランだけあって、バイキングテーブルに並ぶ料理は「豚ももカツ」、「メンチカツ」、「特製ハムフライ」、「特製手づくりソーセージ」、「スモークロースハム」、「ドイツハム」と、自社の豚肉を使った料理がズラリ。また、農場では「特別栽培米細江まいひめ」や野菜も作っており、野菜の煮物、サラダ、漬物も充実。おふくろの味とかなり評判が高い。

料理や加工品に使われている豚は、「浜名湖そだち」という銘柄豚で、良質のトウモロコシや大豆で育てられているため、ジューシーで旨味が深く、くどさがないのが特色。2000年食肉産業展・銘柄ポーク好感度コンテスト、味覚部門で全国1位を受賞している。肉店だから作れる人気の特製「コラーゲンスープ」も要チェック！

野菜サラダは5種ほど、漬物も4種ほどある

Good! レストランの隣にはとんきいの直売所があり、精肉、加工品などが手に入る。営業時間は10:00〜15:00、水曜定休。2階には「浜名湖そだち」の料理が存分に楽しめる「ミートレストラン」もある

農場のレストラン とんきい

☎ 053・523・2099
浜松市北区細江町中川1194-1
営 11:00〜15:00(14:00LO)、17:00〜21:30(20:00LO)
休 水曜 席 70席 P 70台

バイキングTime
11:00〜15:00(14:00LO)
17:00〜21:30(20:00LO)

料金
●ランチ／大人(11歳以上)1575円、70歳以上1260円、3〜10歳年齢×100円、2歳以下無料
●ディナー／大人(11歳以上)1980円、70歳以上1584円、3〜10歳年齢×100円、2歳以下無料

メニュー
●料理／とんきい特製焼豚入りコロッケ、グラタン、チャーハン、白和えなど約70種
●ドリンク／[込]コーヒー、ウーロン茶、緑茶、紅茶、焼酎、ワイン
[別]ビールなど

MEMO
●10人からの予約で、手作りソーセージ体験とバイキング料理が楽しめるセットがあるので問い合わせを

肉メニューはすべてとんきいで育てている豚「浜名湖そだち」を使用。野菜はとんきい農場産のほか、「三方原ファーマーズマーケット」の地元産を使っている

| スイーツバイキング | レストランバイキング | +αバイキング | ホテルバイキング | **専門店バイキング** |

ドリンク / **スイーツ** / 寿司 / 肉 / 中華 / エスニック / フレンチ / **イタリアン** / 洋食 / 和食

時間帯 ランチ・ディナー
制限時間 90分
料金 1362円〜（大人）

大人も子どももうれしい本格イタリアン。石窯ピッツァと6種のパスタが大好評！

浜松市志都呂にあるイオンモール内にある本格イタリアンが楽しめるレストラン。開店時間と同時に満席になってしまうほどの人気店だ。客のお目当ては大きな石窯で焼かれたピッツァと6種のパスタ。焼きたてのピッツァは生地がモチモチで、マルゲリータやエビマヨ、シチリアーノなど種類豊富なところも魅力。パスタも同じくバリエーション豊かに並び、ボンゴレ、ペペロンチーノ、渡り蟹のトマトクリームソースなど、出来たてがすぐに食べられるところは食欲旺盛な男性陣にとっても好印象。食べ切れないほどの料理が並び、見ているだけで満足感に浸ってしまいそうだ。

シーズン毎に替わるデザート類もぜひチェックを。ついつい見惚れてしまうほどのキュートさで、一口食べれば味にも納得すること間違いなし。

Good! ピッツァは石窯からすぐ店頭に並ぶので、出来たてのアツアツが食べられる。見た目は薄めの生地だが、想像以上の風味と食感で楽しませてくれる

1 種類豊富なピッツァ **2** パスタ、ピッツァ、アンティパストでお腹も心も大満足 **3** ボリュームたっぷりの「イカとムール貝のトマト煮」 **4** 彩り鮮やかなデザートたち ※料理内容は季節や仕入れ状況により変更となる場合がある

ポルトフィーノ 浜松志都呂店

☎ 053・415・1296

浜松市西区志都呂町5605 イオンモール2F
営 11:00〜22:00（最終入店21:00）
休 不定休（イオンモール志都呂店に準ずる） 席 92席 P イオンモール志都呂店に準ずる

バイキングTime
11:00〜22:00（最終入店21:00）

料金
● ランチ・ディナー／[平日]大人(中学生以上)1362円、小学生787円、小学生未満522円、2歳以下無料
[土・日曜、祝日]大人(中学生以上)1467円、小学生787円、小学生以下522円、2歳以下無料

メニュー
● 料理／パスタ、ピッツァ、サラダなど約40種
● ドリンク／[別]ドリンクバー210円

MEMO
● 満席になることが多いので予約がベスト！平日の夜にはステーキの食べ放題も付いてくる

ポルトフィーノ／専門店バイキング 26

みんなのお目当ては「パスタ」。ピッツァ、
菜、スープ、メイン、デザートと自分だけの
リジナルフルコースを楽しもう

| スイーツバイキング | レストランバイキング | +αバイキング | **ホテルバイキング** | 専門店バイキング |

| ドリンク | スイーツ | 寿司 | 肉 | 中華 | エスニック | フレンチ | イタリアン | 洋食 | 和食 |

時間帯	制限時間	料金
ランチ	無制限（混雑時のみ90分）	2000円（大人）

ホテルメイドのパンやケーキ、ハイレベルな洋食で優雅なランチタイムを

フレンチシェフが腕を振るうレストランの味を、ランチではお得なビュッフェスタイルで味わえる。肉料理や魚料理、グラタンなどの温かいメイン料理は8〜10種あり、アラカルトや本格コースが堪能できるディナーにも引けを取らない、手の込んだメニューが並ぶ。そのほか、焼きたてパンで作るサンドイッチ、パリパリのクリスピーピザなどの軽食や、出来たてが供される中国の麺点師による「刀削坦々麺」（とうしょうたんたんめん）、「水餃子」の実演もある。

デザートにはスイーツとフルーツがそれぞれ5種ほど揃い、華やかに彩る。中でも約12種の中から日替わりで作られるパティシエ特製ケーキは人気が高く、全種類楽しむ女性も多いとか。15〜20人なら個室貸切も可能。パーティー利用にもお薦めだ。そのほか10%引きキャンペーンや季節フェアの開催もある。

Good! 見ているだけでも楽しい麺点師の実演。包丁で削られた麺を茹でて、具材をのせれば「刀削坦々麺」の完成！

沼津リバーサイドホテル
DINING RESTAURANT KEYAKI
ケヤキ

☎ 055・952・2785

沼津市上土町100-1
沼津リバーサイドホテル2F
営7:00〜21:00(20:30LO)
休無休　席60席　P110台
（駐車券3000円で1時間、5000円で2時間分進呈）

バイキングTime
11:30〜15:00(14:30LO)

料金
●ランチ／大人（中学生以上）2000円、小学生1100円、6歳以下800円、3歳以下無料

メニュー
●料理／日替わりパスタ、実演中華、肉料理、魚料理など20種以上
●ドリンク／[込]ジュース5種、コーヒー、紅茶など
[別]ビール、ワイン、ジュースなど

MEMO
●朝食ビュッフェ※7:00〜10:00(9:30LO)もやっており、大人（中学生以上）1600円、小学生1000円、6歳以下700円

1 人気の「ピザ」　2 新鮮野菜が並ぶサラダコーナー　3 「ムール貝のリゾット」　4 麺点師が作る「水餃子」

KEYAKI／ホテルバイキング　28

「牛バラ肉の赤ワイン煮込み」(左上)、「ラズベクスサンド」(右上)、「アロエのヨーグルトソースがけ」、「ショートケー(左下)、「イカのフリット」(右下)

| スイーツバイキング | レストランバイキング | +αバイキング | **ホテルバイキング** | 専門店バイキング |

ドリンク スイーツ 寿司 肉 中華 エスニック フレンチ イタリアン 洋食 和食

時間帯 朝食・ランチ・ディナー
制限時間 無制限
料金 (大人)(ランチ)2700円～ (ディナー)3500円～

1 次々と新しく出されるデザート
2 「鶏腿肉と野菜のグリル」
3 人気メニューの握り鮨
4 「人参のオレンジ煮」などサラダバーも充実
5 デザート各種

船型のブッフェ台に美しい料理が集合
月毎のイベント開催も見逃せない

　和食、洋食はもちろんのこと中華やエスニックなど、ホテルメイドならではの美しく繊細な料理の数々が存分に味わえるとあって、リピーターが多い。土・日曜、祝日は予約必須の人気ブッフェだ。メニューは月替わり。白で統一された器に一品ずつ盛られた料理、自家製のアイスクリーム、新鮮なネタの握り鮨など、どれもまずは見た目で味わえる華やかさがある。もちろん見た目だけではなく、例えば和の惣菜の代表格「きんぴら」も、仕上げにバルサミコ酢と黒こしょうをプラスしたり、ニンジンもオレンジ煮にして風味をアップさせたりと、定番メニューにもセンスが光る。
　月に1度の特別ディナーブッフェや、季節毎にフェアやイベントが開催され、その時にしか味わえないオリジナルメニューが登場。ぜひチェックを。

Good! シェフのデモンストレーションはランチ平日は日替わりパスタ、土・日曜、祝日はビーフステーキ。ディナーはエビ・ホタテ＆ステーキなど、昼夜どちらも行われる。平日夜には、ワイン飲み放題など曜日毎にお得なサービスあり！

ホテルセンチュリー静岡
ブッフェ・ダイニング
ラ フルール

☎054・289・6410
静岡市駿河区南町18-1
ホテルセンチュリー静岡1F
営7:00～21:00
休無休 席102席 P200台

バイキングTime
7:00～10:00、11:00～15:00(14:00LO)※土・日曜、祝日14:30LO、17:00～21:00(20:30LO)

料金
●朝食／大人1800円、小学生900円
●ランチ／[平日]大人2700円、60歳以上2200円、小学生1700円、3歳以上800円[土・日曜、祝日]大人3200円、60歳以上2800円、小学生1900円、3歳以上900円
●ディナー／[平日]大人3500円、60歳以上3000円、小学生1900円、3歳以上900円[土・日曜、祝日]大人3900円、60歳以上3300円、小学生2000円、3歳以上1000円

メニュー
●料理／握り鮨、サラダバー、デザートブッフェなど30種以上
●ドリンク／[込]コーヒー、ソフトドリンク各種など15種以上[別]生ビール、赤白ワインなど。フリードリンクプラン＋1600円(2時間)

豪華客船をイメージしたというブッフェ台
どの料理もていねいに調理されているのが
わかる

31

| スイーツバイキング | レストランバイキング | +αバイキング | **ホテルバイキング** | 専門店バイキング |

ドリンク スイーツ 寿司 肉 中華 エスニック フレンチ イタリアン 洋食 和食

時間帯	制限時間	料金
ランチ（平日限定）	**90分**	**2600円**（大人）

1 メニューは全35種が揃う　2 全卵でつくる特製マヨネーズが深みのある味を作り出す「芝海老のマヨネーズソース和え」　3 男女を問わず人気の「芝海老のチリソース煮」　4 外はパリパリ、中はトロ～リの「はるまき」　5 エビの形を模した人気の「広東風海老蒸し餃子」(右)ほか

席に座ったままで、出来たて広東料理が食べられる、贅沢オーダーバイキング

　ホテルの高級チャイニーズが手頃な料金で、好きなだけ食べられるとあって連日大人気。油控えめ、あっさり味の広東料理は、前菜から飲茶、温菜小皿、麺・飯、香港菓子・デザートまで全35種。1人1杯ながら「ふかひれスープ」が食べられるのも魅力だ。オーダーバイキングのシステムは、席に座り、メニューから好きなものをオーダー。出来たてが随時運ばれてくる。贅沢気分でバイキングが楽しめるのは、さすがホテルレストランだ。

　メニューは2カ月毎に替わるが、人気の「芝海老のマヨネーズソース和え」、「五目野菜の醤油炒め」、点心師が作る「ふかひれ入り餃子」はいつも揃う。「杏仁豆腐」もおかわり続出の一品だ。種類が食べられるよう1人前の量が抑えられているので、3人以上なら35種全制覇も夢じゃない！

麺飯メニューにはチャーハン、焼きそばor揚げそば、スープそば、お粥、白米が揃う

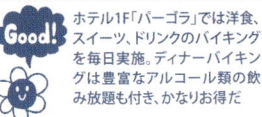

Good! ホテル1F「パーゴラ」では洋食、スイーツ、ドリンクのバイキングを毎日実施。ディナーバイキングは豊富なアルコール類の飲み放題も付き、かなりお得

ホテルアソシア静岡
中国料理 梨杏
りんか

☎ **054・254・4470**

静岡市葵区黒金町56
ホテルアソシア静岡2F
営11:30～14:30(14:00LO)、17:30～21:00(20:30LO)
休無休　席64席　P契約あり

バイキングTime
11:30～14:30(14:00LO)

料金
●ランチ／大人(中学生以上)2600円、小学生1500円、小学生未満700円

メニュー
●料理／前菜、飲茶、温菜小皿、麺・飯、デザートなど35種
●ドリンク／[込]ジャスミン茶、ウーロン茶
[別]紹興酒、ノンアルコールカクテルなど

MEMO
●パーゴラランチ／大人2300円(土・日曜、祝日2600円)、60歳以上2000円(土・日曜、祝日2300円)小中学生1300円、3歳～小学生未満700円
●ディナー／大人4000円、60歳以上3500円、小中学生2000円、3歳～小学生未満1000円

梨杏／ホテルバイキング　32

人気のオーダーバイキングメニューいろいろ。料理はいずれも1人前からオーダー可能。飲茶の個数もいくつでもOK。少しずつオーダーし、シェアして食べれば、いろいろな種類が食べられる

| スイーツバイキング | レストランバイキング | +αバイキング | **ホテルバイキング** | 専門店バイキング |

ドリンク スイーツ 寿司 肉 中華 エスニック フレンチ イタリアン 洋食 和食

時間帯 ランチ・ディナー
制限時間 無制限（ディナー120分）
料金 2000円～（大人）

静岡グランドホテル中島屋
ブッフェレストラン
クロスロード

☎ 054・253・1151

静岡市葵区紺屋町3-10
静岡グランドホテル中島屋B1F
営 11:30～15:00(14:30LO)、17:30～21:00(20:30LO)
休 無休 席 140席 P 70台

新鮮野菜をふんだんに使った
おいしい&ヘルシーな料理で心もお腹も大満足

静岡市の街中にある、老舗ホテルらしい洗練された雰囲気のなか、ちょっと贅沢な気分が味わえるブッフェレストラン。2011年9月にリフレッシュオープンして以来、若い世代の来店も増えたとのことで、その人気の秘密はJr野菜ソムリエのシェフが考案する地元の新鮮な野菜をふんだんに使った料理だ。カラフルな生野菜には豆腐ソースなどシェフ特製のドレッシングやソースが10種以上用意され、サラダの種類も豊富だから野菜をいろいろな食べ方でたっぷり食べられるのがうれしい。

洋食中心でありながら、和食や中華もホテル直営のレストランのシェフが作った本格的な料理が味わえると、リピーターが多いのもうなずける。個室や半個室もあるので、小さい子ども連れのママたちの集まりにもお薦め。

Good! 新鮮な野菜の甘みと旨味が詰まった野菜ジュースも人気。搾った後の野菜の繊維はフレンチドレッシングに再利用。野菜を余す所なく使っている

バイキングTime
11:30～15:00(14:30LO)、17:30～21:00(20:30LO)

料金
●ランチ／[平日]大人(中学生以上)2000円、60歳以上1600円、小学生900円、3歳以上400円
[土・日曜、祝日]大人(中学生以上)2200円、60歳以上1800円、小学生1000円、3歳以上500円
●ディナー／大人(中学生以上)2800円、小学生1500円、3歳以上800円

メニュー
●料理／新鮮野菜のサラダ、網焼きなどの洋食を中心に和食、中華など40～50種
●ドリンク／[込]コーヒー、紅茶、ソフトドリンク、野菜ジュースなど

MEMO
●ディナーは+300円でソフトドリンク飲み放題。男性+1500円、女性+1300円でカクテル、ビール飲み放題
●クロスロードパック(食べ放題&飲み放題)男性4300円、女性4100円

1 ランチタイムサービスの麻婆豆腐　**2**「小海老とイカの辛子炒め」

クロスロード／ホテルバイキング　34

ヘルシーなサラダから身体が温まる煮込み料理、網焼きなどさまざまな調理法で素材をおいしく変身させてくれるのは、さすがシェフの腕。押し寿司やいなり寿司などの和食もホッとする一品

| スイーツバイキング | レストランバイキング | +αバイキング | **ホテルバイキング** | 専門店バイキング |

ドリンク スイーツ 寿司 肉 中華 エスニック フレンチ イタリアン 洋食 和食

時間帯
ランチ・ディナー
(ディナーは土・日曜、祝日限定)

制限時間
90分

料金
1800円〜
(大人)

1. 蟹肉と豆腐の煮込み
2. サーモンとショートパスタのサラダ
3. ホテルメイドの「デニッシュ」、「クロワッサン」、「アンパンクロワッサン」
4. スッポンエキス、朝鮮人参エキスの入った鶏ベースの「中華風コラーゲン鍋」
5. 「フルーツゼリー」、「プリン」、「杏仁豆腐」など

掛川グランドホテル
ビュッフェレストラン
シルクロード

☎ **0537・23・2216**

掛川市亀の甲1-3-1
掛川グランドホテル2F
営11:30〜14:30(14:00LO)、17:00〜21:00(20:00LO)
休無休 席60席 P100台

中華と洋食の夢の共演。
見た目にも美しい野菜たっぷりの料理

中華料理の料理長と西洋料理のシェフが作りだす料理は、見た目にも美しい本格派。それがホテルレストランならではの上質なサービスの元、ビュッフェスタイルで、優雅に味わえるとなれば人気も当然。ランチ時は女性率がかなり高い。「芝海老のチリソース」、「中華風コラーゲン鍋」、「エッグベネディクト」(温泉玉子のオーブン焼き)、「バーニャカウダ」はファンの多いメニューだ。料理は2カ月毎に替わり、「地産地消フェア」、「北海道フェア」、「イタリアンフェア」といったテーマイベントも開催され、実演パフォーマンスも好評。「刀削麺」などのパフォーマンスが目の前で披露され、出来たてが提供される。

そして、うれしいのが、「ただ今クリームパスタができあがりました。いかがですか?」と各テーブルを回りサーブしてくれるサービス! 贅沢気分が味わえる。

Good! 実演コーナーでは本場中国の麺点師による刀削麺のパフォーマンスが。醤油味のスープをそそぎ、ラー油、ネギ、フライドオニオン、肉味噌など好きなトッピングで食べることができる ※実演のメニューは2カ月毎に替わる

バイキングTime
11:30〜14:30(14:00LO)、17:00〜21:00(20:00LO)

料金
●ランチ/大人(中学生以上)1800円、小学生1100円、4〜6歳800円、3歳以下無料
※各ソフトドリンク付き
●ディナー/1品+ビッフェ2000円、2品+ビュッフェ2500円、3品+ビュッフェ3000円、小学生800円、4〜6歳500円、3歳以下無料

メニュー
●料理/花切り烏賊と彩り野菜の和え物、若鶏胸肉のクリーム煮など約50種
●ドリンク/[込]コーヒー、紅茶、ハーブティー、パイナップルジュース、緑茶など10種
[別]ビール、焼酎、ウイスキー

MEMO
●土・日曜、祝日限定のディナーは、プリフィクススタイルで、単品料理(中華、洋食、スイーツ)から1〜3品を自由にチョイス)とビュッフェ料理が楽しめる
※単品料理の品数によって値段は変わる

「ニンジンの錦糸巻」、「ジャガイモとソーセージのボイル」など、中華、洋食、ホテルメイドのパン、スイーツまで約50種が揃う。野菜をふんだんに使ったものが多い

| ドリンク | スイーツ | 寿司 | 肉 | 中華 | エスニック | フレンチ | イタリアン | 洋食 | 和食 |

時間帯
ランチ・ディナー
(ディナーは金・土・日曜、祝日のみ)

制限時間
無制限
(予約状況により異なる)

料金
2200円〜
(大人)

1 肉、魚とジャンルにこだわらない料理が並ぶ
2 「ちらし寿司」などの和食も食べられる

浜松市のシンボル、アクトタワー内でホテルメイドの豪華な味を存分に

　オークラアクトシティホテル浜松のレストラン「フィガロ」では、専属シェフによる料理やスイーツをビュッフェ形式で味わえる。和・洋・中とジャンルを問わず、約60種もの自慢の味が並ぶ様は壮観だ。地産地消料理フェアやイタリアの伝統パスタイトーニフェアなど限定メニューが登場する月替わりの「シーズナルビュッフェ」も好評。ホテルメイドのパンも人気が高く、食事に合うクロワッサンやバゲットのほか、シナモンロールといったスイーツ系まで常に10種以上を食べ比べられる。

　金・土・日曜、祝日限定の「ファミリーディナーバイキング」では、シェフが目の前で焼きあげる地元野菜や鉄板焼ステーキ(オリジナルの4種のソースを添えて)や握り寿司など豪華な逸品がビュッフェに色を添える(ディナービュッフェ限定)。少し贅沢な食事をしたい記念日には最適だ。

Good! ホテルメイドのパンやスイーツをビュッフェで味わった後、気に入った場合にはアクトプラザ2階の「ホテルオークラベーカリー」にて購入することもできる

**オークラ
アクトシティホテル浜松
レストラン
フィガロ**

☎ 053・459・0721

浜松市中区板屋町111-2
オークラアクトシティホテル浜松2F
[営]7:00〜15:00 (月〜木曜)
※7:00〜15:00、17:30〜21:00 (金・土・日曜、祝日)
※7:00〜10:00は朝食
[休]無休　[席]150席　[P]アクトシティ地下駐車場

バイキングTime
11:00〜14:00、17:30〜21:00　※ディナーは金・土・日曜、祝日のみ

料金
●ランチ/大人2200円(中学生以上)、小学生1500円、幼児(4歳以上)800円※土・日曜、祝日大人のみ300円増
●ディナー/大人3800円(中学生以上)、小学生2300円、幼児(4歳以上)1200円

メニュー
●料理/前菜、サラダ、肉・魚料理、カレー、パン、スイーツなど約60種
●ドリンク/[込]コーヒー、カフェラテ、紅茶、ハーブティー、フルーツビネガードリンクなど　[別]ビール、ワインなど

MEMO
●平日の月曜日は、「ハッピーマンデー」として、ランチ通常大人2200円のところ1800円と、よりお得な価格でビュッフェが楽しめる

ケーキやカップ入りのゼリーやムースが10種以上あるほか、フルーツやソフトクリームなど、女ゴコロを掴むスイーツが豊富。野菜をたっぷり使ったサラダや前菜はヘルシー志向の人に好評

| スイーツバイキング | レストランバイキング | +αバイキング | **ホテルバイキング** | 専門店バイキング |

ドリンク スイーツ 寿司 肉 中華 エスニック フレンチ イタリアン 洋食 和食

時間帯	制限時間	料金
ランチ・ディナー	90分	1700円～(大人)

シェフ、パティシエ、パン職人が作るホテルの本格料理を楽しもう

　浜松駅のすぐそば。やわらかな日差しが入る店内は、気の合う友達や家族で楽しく食事をするのにぴったり。

　地産地消、地元の旬の食材を使った季節感あふれる多彩なメニューが人気を呼んでいる。バイキングテーブルにはシェフのおまかせ逸品料理がジャンルを問わず並び、どれから食べようかと悩むのもバイキングならではのお楽しみ。とはいえ絶対にはずせないのが、シェフが目の前で焼いてくれるアツアツの「ビーフステーキ」！　香り、音…。そのライブ感も、おいしさのうちだ。

　パン職人が毎朝焼くホテルメイドパンは種類も豊富で、パティシエの作るスイーツはデザート4種、ケーキ4種。チョコレートファウンテンも華やかさを盛り上げる。通常2カ月毎にフェア等を開催しているので、問い合わせるかHPをチェックしてみよう。

Good!「タイムサービスメニュー」もあり、その時だけのサプライズ料理が登場！ ランチは12:00と13:15、ディナーは18:00と19:30。数量限定なのでお見逃しなく

❶人気のチョコレートファウンテン　**❷**懐かしメニューフェアに登場した「オムライス」　**❸**パティシエ自慢のデザートやケーキがいろいろ　**❹**手打ちの日本そば　**❺**毎朝焼かれるホテルメイドのパン

ホテルクラウンパレス浜松
バイキングレストラン
ベルファサード

☎ 053・452・8618

浜松市中区板屋町110-17
ホテルクラウンパレス浜松1F
営11:30～14:30(最終入店14:00)、17:30～20:30(最終入店20:00)
休無休　席80席　P60台

バイキングTime
11:30～14:30(最終入店14:00)、17:30～20:30(最終入店20:00)

料金
●ランチ／大人(中学生以上)1700円、小学生1000円、4歳以上500円
●ディナー／大人(中学生以上)2500円、小学生1500円、4歳以上1000円

メニュー
●料理／ステーキ、パスタ、カレーなど
●ドリンク／[込]コーヒー、紅茶、ハーブティー、ジュースなど

MEMO
●ホテルのホームページ http://www.crownpalais.jp/hamamatsu にはお得なクーポン等の情報あり
●女子会や子ども会等、人数によっては貸し切りも可能なので相談を
●毎週金曜日のランチはレディースデーで15％オフ

料理のメニューは常に変わるので楽しみに来店したい。鉄板で音を立てて焼きあげるアツアツの「ビーフステーキ」は常にあるので、ご安心を

| スイーツバイキング | レストランバイキング | +αバイキング | **ホテルバイキング** | 専門店バイキング |

ドリンク スイーツ 寿司 肉 中華 エスニック フレンチ イタリアン 洋食 和食

時間帯 ランチ・ディナー
制限時間 無制限（繁忙期のみ90分）
料金 1680円～（大人）

1 野菜に精通したスペシャリスト「野菜ソムリエ」の民間資格を持つスタッフ　2「蒸し野菜サラダ」。お好みのドレッシングをかけて　3 九州フェアの時の「皿うどん」。これにも野菜がたっぷり　4 細めで食べやすいパスタはライブパフォーマンスから生まれる。写真は「高菜しらすのパスタ」　5 野菜たっぷりの「遠州カレー」は定番。これ目当てに訪れる人もいるほどの人気

旬野菜を使った健康的な料理が人気
野菜ソムリエ認定レストラン

浜松城公園横という絶好のロケーションにある県下初の野菜ソムリエ認定レストラン。3人いる野菜ソムリエが、地元浜松産を中心に季節の野菜を仕入れ、健康的な料理を提供している。料理の内容は2カ月毎に替わり、サラダコーナーはフェアごとに「風邪予防」、「美肌」といった具合にテーマを設定。栄養効果を考えた組み合わせ方なども表記されているのがユニーク。野菜ソムリエが常駐しているのでその場でアドバイスをもらえるのもうれしいポイントだ。またシェフが料理をしている姿が見えるライブキッチンも特徴。パスタやオムライスが手際よく出来あがっていく様子を間近で見ることができる。
　ホテル18階の中国料理「王府井」では中華オーダーディナーバイキング（大人5770円、2人～予約制）があり、夜には街の夜景を一望できる。

野菜の生産者名もきちんと説明。安心、安全を心掛けているのがわかる

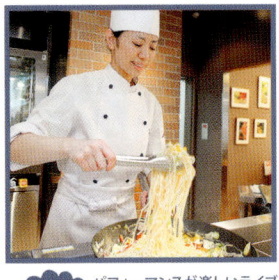

Good! パフォーマンスが楽しいライブキッチン。出来あがるとマイクで案内。大画面モニターがあり、遠くの席からも作っている様子が見える

ホテルコンコルド浜松
ベーカリー・ブッフェ・ダイニング
シャンゼリゼ

☎053・457・1112
浜松市中区元城町109-18
ホテルコンコルド浜松1F
営11:30～14:00、17:00～21:30　休無休　席130席　P200台

バイキングTime
11:30～14:00、17:00～21:30（料理提供～21:00）

料金
●ランチ／大人（中学生以上）1680円、小学生1200円、4歳以上800円
●ディナー／[月～木曜]大人（中学生以上）1800円、65歳以上1600円、小学生1200円、4歳以上800円[金～日曜]大人（中学生以上）3150円、65歳以上2600円、小学生1900円、4歳以上900円

メニュー
●料理／肉料理、魚料理、パスタ、カレーなど約30種
●ドリンク／[込]コーヒー、紅茶などソフトドリンク10種 [別]ワイン、ビールなど

MEMO
●月に1度「ランチバイキング＆お料理教室」（先着20人、1人2500円）を開催。バイキング体験後、家庭でできる料理を目の前で実演、レシピとみやげ付き
●月～木曜のディナーバイキングには、飲み放題付きプランがある。大人3600円

シャンゼリゼ／ホテルバイキング　42

料理のテーマは2カ月毎に替わるので、それを楽しみに訪れるリピーターが多い。フェアによっても料理がガラリと変わるので、HPをチェックして

| スイーツバイキング | レストランバイキング | +αバイキング | **ホテルバイキング** | 専門店バイキング |

`ドリンク` `スイーツ` `寿司` `肉` `中華` `エスニック` `フレンチ` `イタリアン` `洋食` `和食`

時間帯 ランチ・ディナー
制限時間 無制限
料金 2600円〜（大人）

グランドホテル浜松
中国料理
朱茂琳
つむりん

☎ **053・452・2118**

浜松市中区東伊場1-3-1
グランドホテル浜松B1F
[営]11:30〜14:00（13:45LO）、17:00〜22:00（20:30LO）
[休]無休 [席]65席 [P]グランドホテル浜松に準ずる

1 最近人気が高いライスペーパーを使った「海鮮プリプリ春巻き」も登場
2 野菜をたっぷり使った温菜

席を立たずに出来たて中華を味わえるオーダーバイキングが10万食を達成！

　グランドホテル浜松の中華料理店「朱茂琳」は、出来たてをテーブルへ届ける「オーダーバイキング」のシステムを浜松市で最初に始めた先駆け店。一番おいしい状態が食べられる贅沢感と、食べたいメニューが品切れにならない安心感から「究極のバイキング」とも言われ、今年で10万食を達成するほどの人気を博している。プランも多彩で、約30種から好きな物を選べる気軽な価格の「ランチ＆スウィーツオーダーバイキング」2600円、フカヒレスープなど好評メニューを50品集めた昼夜兼用の「ファミリーオーダーバイキング」5000円、高級食材の伊勢エビやタラバガニも登場する「プレミアムオーダーバイキング」6800円の3種類がある。

　同ホテル内のレストラン＆カフェ「サニーサイド」でもバイキングが楽しめるので、使い分けてみて。

「ランチ＆スウィーツオーダーバイキング」

Good! 広いテーブル席や中国料理店らしい円卓をしつらえた部屋のほかに、個室が3部屋ある。接待はもちろん、女子会にも重宝する空間だ

バイキングTime
11:30〜14:00（最終入店13:15）、17:00〜22:00（最終入店20:00）

料金
●ランチ／「ランチ＆スウィーツオーダーバイキング」大人（13歳以上）2600円、65歳以上2200円、7〜12歳1200円、4〜6歳700円
●ランチ・ディナー／「ファミリーオーダーバイキング」大人（13歳以上）5000円、65歳以上4200円、7〜12歳2300円、4〜6歳1200円ほか

メニュー
●料理／冷菜、温菜、点心、麺など中華料理約30種〜
●ドリンク／[込]烏龍茶 [別]ジャスミン茶といった中国茶、アルコール類など

MEMO
●同じグランドホテル浜松の2階にある「サニーサイド」でもランチ・ディナーバイキングを実施しているので問い合わせを。地元の野菜を豊富に使った料理や浜松餃子などバリエーション豊かに登場する

「オーダーバイキング」は「杏仁豆腐」や「香港あんこ入りスイーツ春巻き」など、食後のデザートももちろんチャイニーズ。出てくる料理はすべて少量サイズなので、色々な味を食べ比べてみて（写真はプレミアムオーダーバイキングのイメージ）

| スイーツバイキング | レストランバイキング | ＋αバイキング | **ホテルバイキング** | 専門店バイキング |

ドリンク スイーツ 寿司 肉 中華 エスニック フレンチ イタリアン 洋食 和食

時間帯 ランチ・ディナー（ランチは土・日曜、祝日限定）
制限時間 90分
料金 1800円～（大人）

浜名湖畔でリゾート気分！
まずは刺身、寿司、炭火焼きから

　ランチ、ディナーともに観光客で賑わう、浜名湖を望む湖畔のホテルバイキング。レストランのすぐ目の前に浜名湖が広がり、まさにリゾート気分が味わえる。メニューは洋食、和食、中華と幅広く、マグロ・ブリ・甘エビの刺身、イカ・マグロ・エビ・ネギトロ巻きといった寿司は大人にも子どもにも大人気だ。そしてなにより客を魅了するのが「炭火焼き」の実演コーナー！「鶏の炭火焼柚子胡椒」や「トマトの肉巻き」などその日によってメニューは異なるが、海鮮や肉の香ばしい香りが食欲をそそる。

　たくあん入りのお好み焼き「遠州焼き」や、「鰻の笹飯」(または鰻の混ぜご飯)、三ケ日ミカンソースを使ったマリネ、「三ケ日みかんようかん」といったご当地グルメもあるのでぜひお試しを。
※刺身、寿司、炭火焼き、鰻の笹飯、鰻の混ぜご飯はディナーのみ。

Good! 目の前で海鮮や肉を焼いているのが見られる炭火焼きコーナー。そのとなりでは天ぷらが揚げられている。焼きたて、揚げたてが食べられるのはうれしい

❶ 人気のマグロ・エビ・イカ・ネギトロ・稲荷寿司もケーキ、フルーツなど10種ほど揃う **❷** 豪快に盛られた「甘エビの刺身」 **❸** デザート **❹**「鰻の笹飯」 **❺** 定番人気の「マグロの刺身」 ※料理内容は季節によって変更あり。詳しくは問い合わせを

ホテルグリーンプラザ浜名湖　レストラン
みなも
☎ 053・526・1221
浜松市北区三ケ日町佐久米1038　ホテルグリーンプラザ浜名湖1F
営11:30～14:00、18:00～21:00※週末など混雑時は17:30～
休無休　席36席　P60台

バイキングTime
11:30～14:00（最終入店13:00）※土・日曜、祝日のみ、18:00～21:00（最終入店19:30）※週末など混雑時は17:30～

料金
●ランチ／大人（中学生以上）1800円、小学生1300円、幼児700円、3歳未満無料（予約推奨）
●ディナー／大人（中学生以上）3675円、小学生2100円、幼児1050円、3歳未満無料（要予約）

メニュー
●料理／白身魚のフィレンツェ風クリームソース、さばの香味ソースなど約50種（ランチは約30種）
●ドリンク／［込］コーヒー、紅茶、緑茶など　［別］三ケ日みかんハイボール、三ケ日みかんジュース、ビールなど

MEMO
●アルコール飲み放題（ソフトドリンク含む）70分、1470円、ソフトドリンク飲み放題70分、420円をプラスすることもできる

みなも／ホテルバイキング　46

「酢豚」、「肉団子と冬野菜の煮込餡かけ」、「茶碗蒸」などは温かいままで提供される。冷菜コーナーには「レンジマリネ」、「炙りサーモンと彩野菜のサラダ」、「チャーシューサラダ」など目にも美しい料理が並ぶ

朝食バイキング

ちょっと早起きして

朝イチの仕事に向かう前に、早出した休日のドライブ途中に、たまにはちょっと気分を変えて「朝食バイキング」というのはどうだろう。朝からたっぷり、種類もいろいろ食べて、元気モリモリ！イイ1日のスタートを。

※無制限／バイキングに時間制限がないことをさす。

ご飯党もパン党も大満足の品揃え

和洋中30品目以上の料理が並ぶ朝食バイキングは、朝からしっかり食べておきたい人の強い味方。地元特産のシラス＆大根おろしや野菜たっぷりの和総菜、ヨーグルトなど、朝一番の胃にやさしいヘルシーなメニューも多い。昼～夜は自分で自由に盛りつけるパフェのせ放題のサービスが人気。スイーツ好きはやみつきになるかも。

1 サラダバーは終日あり10時以降は380円。昼食時は割引あり
2 焼鮭、卵焼き、味噌汁、漬け物など定番の和朝食
3 料理の種類が豊富で少しずつ盛っても全部は食べきれないほど
4 ソフトクリームにフルーツやスイーツをトッピングしてオリジナルのパフェが完成！

牧之原SA上り
静鉄レストラン
☎0548・27・2331
牧之原市静谷2559-3
営7:00～22:00
休無休 席140席 P大型222台、小型220台

バイキングTime
7:00～10:00（最終入店10:00）※無制限

料金
●大人（中学生以上）840円、小学生630円、未就学児無料

メニュー
●ドリンク、洋食、中華、和食、サラダ、フルーツなど30種以上

MEMO
●オリジナルパフェ作り（1回限りのせ放題）11:00～20:00、680円

土日、祝日限定！静岡産がおいしい朝ご飯

一般道にも駐車場が完備され、高速に乗らなくても入れるため、週末の朝にゆっくりたくさん食べたい地元客にも人気が高い。県外客には、やはり、はんぺんフライや釜揚げシラス、ワサビ漬けなど、しずおか名物が人気。パン派には、隣接したパン工房の自家製パンがお薦めだ。朝イチで出かける遠出のときにも便利。

1 焼き魚と納豆の和定食も、スクランブルエッグとパンのブレックファーストもおまかせあれのラインナップ。おかゆもスタンバイ
2 おふくろの味「里芋とイカの煮物」
3 白いご飯にはやっぱりコレ。静岡の味「シラスおろし」！

牧之原SA下り
ジェイティービーレストラン
和食処 季楽々喜（きららぎ）
☎0548・27・2326
牧之原市静谷2545-9
営7:00～22:00
休無休 席82席 P一般道より50台

バイキングTime
土・日曜、祝日の朝食7:00～10:00※無制限

料金
●大人（中学生以上）930円、5～12歳680円、4歳以下無料

メニュー
●ドリンク・洋食・和食・サラダ・パンなど30種

朝食バイキング | 48

浜名湖SA
浜名湖近鉄レストラン
湖の見えるレストラン
☎053・526・7611

浜松市北区三ケ日町佐久米47-1
営7:00～22:00　休無休
席280席　P550台

バイキングTime
土・日曜、祝日、その他ハイシーズン(GW、盆休み、年末年始等)の7:00～10:00(9:45LO)※無制限

料金
●大人(中学生以上)890円、4歳～小学生630円

メニュー
●ドリンク、洋食、和食、中華等30～35種(季節のこだわり小鉢14種含む)

浜名湖と豊富なメニューを満喫！

東名高速の中でも屈指の眺望を誇る浜名湖SAは観光客はもちろん地元人にも人気のスポット。ここで注目を集めているのが、湖の見えるレストランの朝食バイキングだ。豊富な種類と品数は子どもからお年寄りまで楽しめ、中でも県内産のシラスや海苔、ワサビ漬けは大人気。一般道からもアクセス可能なので地元の人も旅気分で出かけてみては。

1 和食の定番総菜がいろいろ
2 人気のシンプルおかゆ
3 パンは自分で温めブレックファースト
4 レストランの隣には広場が広がりその先には浜名湖が!

ホテルクエスト清水
レストラン クオモ
☎054・366・7101

静岡市清水区真砂町3-27
営11:30～15:00(14:00LO)、18:00～23:00(22:00LO)
休日曜夜　席26席　P14台

バイキングTime
6:45～9:30(最終入店9:00)※日曜、祝日7:00～10:00(最終入店9:30)※無制限

料金
●1260円

メニュー
●ドリンク、洋食、和食、カレーなど地元食材を使った50種

体が目覚めるスパイシーな「朝カレー」

2007年に始めた「朝カレー」が好評。シェフが時間をかけて煮込んだカレーは甘口と辛口の2種。サラサラで食べやすく、スパイシーな香りが食欲をそそる。洋食ならパンに自家製のジャム、和食なら黒はんぺん、ワサビ漬け、シラスなど、地元ならではのメニューも。宿泊客優先のため、比較的空いている平日がお薦めだ。

1 ヨーグルト、シリアルが並ぶ洋食コーナー
2 ホテルメイドのジャムは甘さ控えめな大人の味
3 スクランブルエッグとベーコンの洋朝食
4 ツナやゆで卵などトッピングも用意されている

| スイーツバイキング | レストランバイキング | **+αバイキング** | ホテルバイキング | 専門店バイキング |

ドリンク スイーツ 寿司 肉 中華 エスニック フレンチ イタリアン 洋食 和食

時間帯	制限時間	料金
ディナー	無制限	5250円(大人)

1 デザートにチーズというのもオシャレだ **2** 子どもやスイーツ好きが喜ぶ「チョコレートファウンテン」 **3** 定番人気の刺身(この日はマグロ、マダイ、ブリ)

伊豆の恵みが山盛り!
豊かな海鮮ディナーバイキング

　海の見えるホテルのバイキングには、豊富な海の幸がズラリ。その日仕入れた旬の地魚は、刺身や寿司などで味わえる。刺身に添えられるのは、すりたての香りが楽しめる天城の本ワサビ。天城の猪汁や漁師汁、干物、突きたてのところてんなど、伊豆グルメも満載だ。

　さらに、手作りのマカロンやケーキをはじめ、ソフトクリームにチョコレートファウンテン、フルーツなど、約20種に及ぶデザートも華やかそのもの。ハンバーグや海老フライ、フライドチキンなど子どもが喜ぶメニューのほか、約7種のドレッシングが選べるサラダや4種のチーズなど、充実の内容がうれしい。2カ月毎に替わる季節フェアも好評なディナーで、伊豆観光をちょっと贅沢に締めくくろう。

4～5種の新鮮なネタを握る「伊豆味寿司」

Good! 日帰りバイキングはお風呂がセットになっている。入浴時間は16時からなので、露天風呂、寝湯、サウナなどで疲れを癒してから、バイキングを楽しもう

伊東ホテル聚楽
Restaurant
BALI-HAI
バリハイ

☎**0557・37・3161**
伊東市岡281
伊東ホテル聚楽
営18:00～21:00(20:00LO)
休無休　席200席　P150台

バイキングTime
18:00～21:00(20:00LO)

料金
●ディナー／大人(中学生以上)5250円、小学生3675円、6歳以下2625円、3歳以下無料

メニュー
●料理／寿司、鉄板焼き、ピザなど海鮮メインの60種以上
●ドリンク／[込]紅茶6種、コーヒー
[別]90分飲み放題はソフトドリンク+630円、アルコール+1575円

MEMO
●当日12時までのネット予約なら大人(中学生以上)3980円、小学生1980円、6歳以下1200円とお得!(繁忙期は完全予約制)
●バイキング料金には入浴料も含まれる。(タオル無料)入浴時間は16:00～21:00

60種100品目の豪華バイキング。寿司、天ぷら、鉄板焼き、ピザは、目の前のオープンキッチンで出来たてが味わえる。各料理人による華麗な手さばきも見逃せない。「マルゲリータ」などの3種のピザは、2012年2月に登場した窯で焼く

自分で焼ける伊東の干物かいろいろ

| スイーツバイキング | レストランバイキング | +αバイキング | ホテルバイキング | 専門店バイキング |

`ドリンク` `スイーツ` `寿司` `肉` `中華` `エスニック` `フレンチ` `イタリアン` `洋食` `和食`

時間帯 ランチ・ディナー
制限時間 90分（平日ディナーのみ無制限）
料金 1500円〜（大人）

1 ステーキには「中伊豆のわさびだれ」をかけてションが上がる「ズワイガニ」
2 地ビール「伊豆の国ビール」
3 やっぱりテンションが上がる「ズワイガニ」
4 大人にも子どもにも人気の「から揚げ」

ステーキに海鮮、南国気分で楽しい宴会。子どもが喜ぶメニューもズラリ

ハワイアンムードに包まれたキラキラと輝く広い店内で、ひと際目を引くのは鉄板コーナー。目の前でステーキや季節野菜の鉄板焼きが楽しめる。ステーキには厚みがあり、やわらかなリブロースがメインに使用され、ランチでもこの味を堪能できるが、ディナータイムには、そのほかのメニューもぐっとパワーアップ。5種以上のネタがそろう寿司やズワイガニ、揚げたて天ぷらなどお薦めメニューが勢揃いする。屋台風のラーメンコーナーでは、ホッと懐かしい味わいのミニラーメンが熱々で提供され、子どもにも大人気だ。

ケーキやフルーツは約6種、ディナーにはソフトクリームやチョコファウンテンもお目見え。年4回、各国料理や食材をテーマとしたフェアもあり、メニューの1/5がフェアメニューに染まる。

珍しいホワイトチョコもある「チョコレートファウンテン」はイチゴチョコになる日も

Good! ランチタイムは、リスザルやカピバラもいる植物園とのセットがお得。ディナーは出来たてメニューが豊富に揃い、平日は時間制限なしで楽しめる

伊豆洋らんパーク
バイキングレストラン

☎ **0558・76・3355**

伊豆の国市田京195-2
伊豆洋らんパークレストラン2F
営11:00〜14:30(LO13:30)、17:00〜20:30(LO19:30)
休無休 席500席 P100台

バイキングTime
11:00〜14:30(13:30LO)、17:00〜20:30(19:30LO)

料金
●ランチ／大人（高校生以上）1500円、中学生1300円、小学生1000円、6歳以下500円、2歳以下無料
●ディナー／大人（高校生以上）2500円、中学生2000円、小学生1500円、6歳以下700円、2歳以下無料

メニュー
●料理／ステーキ、寿司など和洋中、ランチは30種以上、ディナーは50種以上
●ドリンク／[込]ソフトドリンク、コーヒー、お茶など約10種　[別]伊豆の国ビール3種飲み放題800円ほか

MEMO
●トロピカリウム入園料／大人800円、小中学生400円※レストラン、ガーデンプラザは入園料不要
●ランチバイキング+入園のセットプランあり

色とりどりの旬の素材を大きな鉄板で焼き
上げる人気のテッパンバイキング。ディナー
タイムは、寿司、天ぷら、焼き鳥、ラーメンと
実演屋台が並ぶ

| スイーツバイキング | レストランバイキング | **+αバイキング** | ホテルバイキング | 専門店バイキング |

ドリンク スイーツ 寿司 肉 中華 エスニック フレンチ イタリアン 洋食 和食

時間帯	制限時間	料金
ランチ	無制限	1700円（大人）

1 「大地の香り野菜の岩塩蒸し」 2「調理部謹製和風ポトフ」 3「大根と水菜のしゃぶしゃぶ」。コンソメスープで野菜のしゃぶしゃぶを 4「手づくり釜豆腐」。ほんのり温かい出来たて豆腐 5「3種の野菜のゼリーよせ」。イチゴ、カボチャ、ニンジンのやさしい甘さのゼリー

眺めの良いのんびり空間で
自然を丸ごと味わえる野菜ランチ

「ベジ・ランチ」の名の通り野菜をふんだんに使った料理が並ぶランチバイキング。1日30〜40種ほど使われる野菜は、そのほとんどが地元契約農家の無農薬野菜だ。旬の野菜を丸ごと食べられるように皮つきのまま調理された料理が多く、中でも「大地の香り野菜の岩塩蒸し」は、シンプルで素材の味が引き立っている逸品。メニューは季節により替わるが、「茄子の鳥味噌いため」はコクのある甘味噌と鶏そぼろが絡む定番人気メニュー。

そのほか、アジの干物とシラスがたっぷり入った「名物鯵チャーハン」や「板さんの気まぐれスパゲティー」などの主食も好評。ヘルシーな料理の数々を、掘りごたつの広々とした空間でゆったりとくつろぎながら食べられるので、グループで訪れる女性も多い。温泉もいっしょに楽しもう！

まさに「ベジ」オンパレードのサラダコーナー

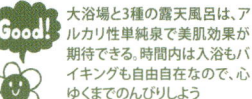

Good！ 大浴場と3種の露天風呂は、アルカリ性単純泉で美肌効果が期待できる。時間内は入浴もバイキングも自由自在なので、心ゆくまでのんびりしよう

伊豆長岡 ホテル天坊
旬の坊
しゅんのぼう

☎ **055・947・1919**

伊豆の国市長岡431-1
伊豆長岡 ホテル天坊
営11:00〜15:00(LO)
休火曜（祝日営業、代休不定）
席100席　P80台

バイキングTime
11:30〜14:00(13:30LO)

料金
●ランチ／大人（中学生以上）1700円、65歳以上1600円、小学生1000円、6歳以下600円、1歳以下無料

メニュー
●料理／ポトフ、蒸し野菜、トマトカレーなど野菜中心のメニュー約20種
●ドリンク／[込]ジュース2〜3種、コーヒー、紅茶など [別]ビール、日本酒など

MEMO
●ベジ・ランチ＋入浴のお得なセットは、大人（中学生以上）平日2500円※土・日曜、祝日2800円。小学生平日1400円※土・日曜、祝日1600円。入浴時間は11:00〜14:00。詳しくは問い合わせを

人気トップ2の「茄子の鳥味噌いため」と「名物鯵チャーハン」。ヘルシーな野菜料理が中心だが、チャーハンやカレーライス、パスタなどもあり、男性も満足できる内容。地元農家ならではの、セリやフキなどが登場することも

名物 鯵チャーハン

| スイーツバイキング | レストランバイキング | **+αバイキング** | ホテルバイキング | 専門店バイキング |

`ドリンク` `スイーツ` `寿司` `肉` `中華` `エスニック` `フレンチ` `イタリアン` `洋食` `和食`

時間帯	制限時間	料金
ランチ	無制限	1680円(大人)

1 牧場のパン工房で作る「天然酵母パン」
2 「野菜スティック」
3 メインの肉料理の1つ「ローストビーフ」
4 「きのこと野菜のせいろ蒸し」

牧場で遊んで、太陽と大地の恵み 富士宮食材をいただきます!

　生産者の顔が見える安心素材から作る料理は、富士山麓の恵みがいっぱい。富士宮の契約農家から仕入れた野菜をふんだんに使い、地元のお母さんたちが腕を振るうやさしい家庭の味だ。甘みとコクのあるまかいの牧場の「低温殺菌ノンホモ牛乳」で作るグラタンや、脂がのったニジマスのマリネや照り焼きも人気だ。

　4年目を迎えた2012年は、バイキング内容をリニューアル。「岡村牧場の牛」、「桑原さんの豚」、「青木養鶏場の鶏」という3種の肉料理からメインを選び、惣菜やサラダ、スープなどをビュッフェスタイルで楽しむことができる。メイン料理以外も、鶏のから揚げや肉じゃがなど充分に満足できる品揃えで、いずれも地元素材を生かしたもの。野菜の旬に合わせて2〜3カ月毎に内容は替わる。

Good! まかいの牧場内のレストランなだけに乳製品も充実。料理にも使われている。牧場牛乳をレンジで温めたり、自家製パンをトースターで焼いたりできる心遣いもうれしい

まかいの牧場
農場レストランでいただきます

☎ 0544・54・0342
富士宮市内野1327
まかいの牧場
営 11:00〜15:00(LO)
休 無休(12月1日〜3月20日は水曜定休、ほか不定休あり)
席 150席　P 700台

バイキングTime
11:00〜15:00(LO)

料金
●ランチ/大人(中学生以上)1680円、65歳以上1470円、小学生1050円、幼児(3歳以上)525円

メニュー
●料理/地元の野菜、肉、ニジマスなどを使ったメニュー約30種
●ドリンク/[込]牧場の牛乳、のむヨーグルトなどソフトドリンク約15種
[別]地ビール、地酒、オリジナルワインが約7種

MEMO
●せっかくなら、まかいの牧場も楽しみたい。入園料(1カ月有効)/大人(中学生以上)700円、小学生以下500円、ペット300円
※レストラン、売店は入園料不要

体にやさしいシンプルな和食や洋食が並ぶ。「めちゃ美味葱のサラダ仕立て」や「厚あげのピザ風焼き」などの創作料理も楽しい

| スイーツバイキング | レストランバイキング | **＋αバイキング** | ホテルバイキング | 専門店バイキング |

ドリンク スイーツ 寿司 肉 **中華** エスニック フレンチ イタリアン 洋食 和食

時間帯	制限時間	料金
ランチ	60分	1500円〜（大人）

1 野菜豊富で定番人気の「朝霧豚の黒酢酢豚」と「富士宮やきそば」 2 プチケーキ各種 3 B級グルメグランプリ 4 ファンの多い「チキン南蛮」

高原のおいしい素材を大切に
新鮮野菜やご当地料理を召し上がれ

明るい日差しが差し込むガラス張りの店内には、朝霧高原の元気な野菜がいっぱい。約17種の野菜と富士宮で育った豚や鶏をメインに、シンプルな調理法で主役を引き立てるよう心掛ける。その日に仕入れた素材によってメニューを考えるので、日替わりでさまざまな料理が登場するが、「酢豚」、「チキン南蛮」、ご当地グルメの「富士宮やきそば」は人気の定番メニュー。そのほか、うどんにかけてもおいしい富士宮の郷土料理「巻狩鍋」など、温かい鍋ものも数種類用意され、体にやさしい和食も多い。ご飯は白米と七穀米が選べるので、おかわりしてももたれず、毎日でも食べたくなる味わいだ。

また、朝霧高原で放牧された強い香りとコクの低温殺菌牛乳や、デザートコーナーにはミルクを生かしたムースやロールケーキなどが登場する。

Good! 富士ミルクランドは動物と触れ合ったり、農業体験、森林浴、宿泊もできる朝霧高原にある大自然の体験施設。ヤギやウサギとの触れ合いや、牛の乳搾りもできるので、チャレンジしてみては

富士ミルクランド まきばの駅
農家レストラン

☎ 0544・54・3690

富士宮市上井出3690
富士ミルクランド内
営11:00〜16:00(LO)
休無休 席47席 P200台

バイキングTime
11:00〜14:30（14:00LO）
※土・日曜、祝日〜15:30
（15:00LO）

料金
●大人1500円（中学生以上）、小学生840円、6歳以下420円、3歳以下無料
※土・日曜、祝日は大人のみ100円増

メニュー
●料理／朝霧高原地場野菜を中心に和洋中が約30種
●ドリンク／[込]放牧牛乳、お茶等5種
[別]瓶ビール650円ほか※併設ショップで購入し持ち込み可

MEMO
●牛乳などの乳製品やおみやげが買える「まきばショップ」の営業時間は9:00〜17:00※土・日曜、祝日〜18:00
●動物ふれあい広場の営業時間は10:00〜16:00※土・日曜、祝日〜17:00

農家レストラン／＋αバイキング 58

広大な朝霧高原の野菜や豚肉、牛乳を使った料理が所狭しと並び、開放感のある明るい店内で気持ちよく食事できる

「豚の角煮」、「もつ鍋」などの煮物

| スイーツバイキング | レストランバイキング | **+αバイキング** | ホテルバイキング | 専門店バイキング |

ドリンク スイーツ 寿司 肉 中華 エスニック フレンチ イタリアン 洋食 和食

時間帯	制限時間	料金
ランチ	無制限	2500円～（大人）

1 デザートも充実。10種が揃い **2** 「ムール貝とエビの香草焼き」 **3** 「海の幸たっぷりのちらし寿司」 **4** 「サーモンとイクラのマリネ」、「桜エビと春雨のサラダ」ほか **5** 「ガトーショコラ」、「クリームブリュレ」ほか

シェフの実演が人気の石窯料理を好みのソースで楽しもう！

　ホテルのビュッフェだけあって種類も豊富で見た目も鮮やかな料理がズラリと並ぶ。特に人気があるのは、富士山の熔岩石を使った石窯で肉、魚介、旬の野菜、ピッツァを目の前で焼いてくれる「石窯料理」だ。シェフのパフォーマンスを見ているだけで食欲をそそられる。肉類は網焼きのため余分な油が落ちてヘルシーなのも魅力。香ばしく焼けた料理はシェフが食べやすくカットしてくれるので、特製の「山葵クリーム」、「バジル」、「ガーリック」から好みのソースをかけてまずは1回目。さらにソースを替えて何通りにも楽しもう。ほかにも、大きなチーズの塊からチーズをくりぬきながら作る「カルボナーラ」はチーズのコクが絶品と人気だ。

　窓側の席は目の前に富士山、青い海が広がる抜群のロケーションなので、景色も堪能しながら味わおう。

生地をのばして、トッピングしたピッツァを石窯の中でクルクルと焼く実演は子どもにも大人気

Good! もっとゆったり過ごしたい！という人には、温泉とビュッフェが楽しめる「湯ったりレストランプラン」がお薦め。海を望む天然温泉露天風呂や寝湯などでのんびりと

焼津グランドホテル
The Dining
炎の香
ほのか
☎ 054・627・1121
0120・271・120

焼津市浜当目大崩海岸通り
焼津グランドホテル
[営]11:30〜14:30（最終入店14:00）※土・日曜、祝日〜15:00（最終入店14:30）※ディナーはGW、夏休み、冬休みのみ営業
[休]無休　[席]200席　[P]130台

バイキングTime
11:30〜14:30（最終入店14:00）※土・日曜、祝日〜15:00（最終入店14:30）

料金
●ランチ／[平日]大人2500円（高校生以上）、60歳以上2200円、小学生1400円、小学生以下（3歳以上）700円[土・日曜、祝日]大人2800円（高校生以上）、60歳以上2500円、小学生1600円、小学生以下（3歳以上）800円

メニュー
●料理／石窯料理、パスタ、点心など約30〜40種
●ドリンク／[込]コーヒー、紅茶などソフトドリンク
[別]ビール、ワインなど

MEMO
●「湯ったりレストランプラン」（2012年7月31日までの期間限定）は、温泉＋昼食＋喫茶券で平日3700円、土・日曜、祝日3900円
●「湯ったり客室プラン」もあるので詳しくは問い合わせを

「石窯料理」は肉、魚介、旬の野菜など１カ月毎に食材が替わる。焼きたてアツアツの料理に３種のソースはどれもよく合う。ソースを迷ってしまったらシェフが食材に合うソースを教えてくれるので聞いてみよう

| スイーツバイキング | レストランバイキング | **+αバイキング** | ホテルバイキング | 専門店バイキング |

ドリンク スイーツ 寿司 肉 中華 エスニック フレンチ イタリアン 洋食 和食

時間帯 ランチ・ディナー
制限時間 (ランチ)90分 (ディナー)105分
料金 2940円～(大人)

① オープンキッチンで料理人が出来たてを提供 シエの特製スイーツも、もちろん食べ放題!!
② アツアツの「点心せいろ蒸し」
③ 専属パティ

静岡の食材満載料理に舌鼓。
食べ終わったら優雅に温泉でもいかが？

「健菜美食ビュッフェ」と名のつく「るぴなす」の料理は、地元の農家が作った直送野菜をはじめ、駿河湾産桜エビなど、静岡を代表する食材をふんだんに使用。シーズン毎に替わる旬素材を使ったメイン料理が大人気で、贅沢すぎる絶品料理の数々についつい食べ過ぎてしまうかも。お薦めは新鮮な魚介類をチョイスすることができる「お好み海鮮丼」。そして、専属パティシエ手作りのスイーツも見逃せない。

ランチでお腹いっぱいになったら温泉に浸かってひと休み。心も体も大満足できる温泉付きビュッフェプランも充実している。子ども連れには遊園地「浜名湖パルパル」の入場券がセットになったプランも。街中の喧噪から抜け出して、リゾート気分を味わおう。

野菜ソムリエが薦める地元野菜は農家から直送で届く

Good! ビュッフェと、県下最大級の温泉施設「華咲の湯」や、「浜名湖パルパル」「ロープウェイ」がセットになったプランもあるので要チェック！

ホテルウェルシーズン浜名湖
健菜美食ビュッフェ
るぴなす

☎ 053・487・1111

浜松市西区舘山寺町1891 ホテルウェルシーズン浜名湖2F
営11:15～14:30、17:00～21:00
休不定休 席200席 P無料駐車場あり

バイキングTime
11:15～12:45、13:00～14:30、17:00～18:45、19:15～21:00

料金
●ランチ／[平日]大人(中学生以上)2940円、小学生1890円、3～5歳1470円
[土・日曜、祝日]大人(中学生以上)3360円、小学生2310円、3～5歳1890円
●ディナー／大人(中学生以上)4980円～、小学生3150円～、3～5歳2625円～※「華咲の湯」付き1日限定5組

メニュー
●料理／煮込みハンバーグ、ふろ吹き三方原大根煮　柚子味噌添え、上海風焼きそば、点心せいろ蒸しなど ※季節により料理内容は替わる
●ドリンク／[込]各種紅茶、ハーブティー、オレンジジュース、コーヒー

MEMO
●「ランチバイキング&お部屋でゆったり休憩プラン」(大人2名利用時大人1人5480円、小学生2310円、3～5歳1890円)もある

（上）目の前で調理される出来たて料理から、地場産野菜が生かされたヘルシー料理、パティシエが作るスイーツまでよりどりみどりだ。（下）若鶏のカシューナッツ炒め」、「厚揚げの鳥味噌田楽」ほか

| スイーツバイキング | レストランバイキング | **+αバイキング** | ホテルバイキング | 専門店バイキング |

ドリンク スイーツ 寿司 肉 中華 エスニック フレンチ イタリアン 洋食 和食

時間帯 ランチ
制限時間 無制限
料金 1800円（大人）

① 湖を眺めながらランチタイム！ ② 「スモークサーモンの生春巻き」 ③ 「ナポリタン」 ④ 人気の「魚介のカルパッチョ」 ⑤ 定番人気の「ショートケーキ」

浜名湖ドライブをかねて訪れたい リゾートランチバイキング

　浜名湖畔に建つホテルのフレンチレストランが、ランチ限定で誰でも気軽に訪れることのできるビュッフェレストランに。景色を楽しみながら優雅なリゾートランチが味わえる。メニューは洋食、和食が基本だが2～3カ月毎に内容が替わり、フェアも開催され、ときには中華やフレンチ、イタリアンも。

　定番人気のため2～3カ月毎に入れ替わり提供されるという「鉄板焼牛ステーキ」や「ローストビーフ」は、フレンチシェフが作る本格ソースが数種用意されているのでお好みで。パティシエが作るスイーツ、チョコレートファウンテンのファンも多く、日替わりのパンはもちろんホテルメイドだ。さらに、バイキングを利用すると「三ケ日温泉万葉の滝」入浴料がお得になるサービスがあるほか、夏にはバイキング利用で人気の「波動式プール」も楽しめるので、要チェック！

バナナやオレンジ、マシュマロ、パイナップルなどを串に刺していざチョコレートファウンテンへ

Good！ ホテル敷地内にある浜名湖の見える「三ケ日温泉万葉の滝」。ランチバイキングのレシートをフロントに出すと、通常1500円の入浴料が500円に！

浜名湖レークサイドプラザ
レストラン
ミコノス

☎ **053・524・1311**
浜松市北区三ケ日町下尾奈200
浜名湖レークサイドプラザ
営 11:30～14:00（13:30LO）、18:00～21:00（20:00LO）
休 無休　席 80～100席
P 150台

バイキングTime
11:30～14:00（13:30LO）

料金
●ランチ／大人（中学生以上）1800円、4歳～小学6年生1000円、3歳以下無料

メニュー
●料理／エスカベッシュ、静岡茶そば、本日のカレー、ハムと野菜のマリネなど約40種
●ドリンク／[込]コーヒー、ジンジャーエール、オレンジジュース、コーラなど
[別]ワイン、ビール、カクテル、日本酒など

MEMO
●GWには子どもが主役の「ファミリーランチバイキング」を予定。夏にはランチバイキングといっしょに「波動式プール」も楽しめる

「ローストビーフ」は目の前でシェフが切り分けてくれる(上)。
「近海鮮魚の蒸物」、「ハンバーグ」、「チキンのソテートマトソース」、「ホテルメイドパン」。
※取材時開催中の「町の洋食屋さんフェア」より(下)

| スイーツバイキング | レストランバイキング | +αバイキング | ホテルバイキング | 専門店バイキング |

ドリンク スイーツ 寿司 肉 中華 エスニック フレンチ イタリアン 洋食 和食

時間帯	制限時間	料金
ディナー	90分	2194円〜（大人）

1 赤身ながらサシが多く、やわらかで臭みのない仔牛のような味わいの「十勝若牛肩ロース」 2 野菜ビュッフェの野菜もしゃぶしゃぶで。「竹筒つみれ」や野菜など12種の鍋具材がある 3 サラダバー 4 6種のアイス。キャラメルソースやコーンフレークなどのトッピングもある

選べるだしが人気のしゃぶしゃぶ 野菜やデザートも豊富

　こだわりのだしで楽しむしゃぶしゃぶは、「うま辛だし」や「とんこつ醤油だし」など、味わいさまざまな8種の中から2種を選べる。手頃な価格の「豚しゃぶ食べ放題」でも4種の肉が食べられるが、「高級肉食べ放題」では、十勝若牛、イベリコ豚、国産牛ホルモンを含む8種にパワーアップ。また、「鉄板焼きしゃぶ食べ放題」は、サッと炙ってポン酢で食べる、夏にお薦めのメニューだ。いずれのコースも、出来たてを注文できる「鶏なんこつ唐揚げ」や「やみつき塩キャベツ」など5種のおつまみと、鍋具材やサラダ、ご飯にデザートが食べ放題。
　デザートコーナーでは、餡を入れたモッフルを作ったり、自分で焼けるワッフルが大人気。アイスやフルーツを組み合わせて、オリジナルのワッフルやパフェを楽しもう。

Good! おいしい肉はもちろん、ワッフルやチョコファウンテンが楽しめる充実のデザートコーナーが魅力。カップルや家族に好評だ

しゃぶしゃぶ
彩遊記
さいゆうき

☎ 055・977・2118
三島市安久144-1 1F
営17:00〜24:00（23:00LO）
休無休　席72席　P50台

バイキングTime
17:00〜24:00（23:00LO）

料金
●ディナー／豚しゃぶ2194円、牛と豚しゃぶ2824円、鉄板焼きしゃぶ2824円、高級肉3874円
（各コースとも、小学生500円引き、幼稚園児以下無料）

メニュー
●料理／豚ロースや豚カルビなどのしゃぶしゃぶ、野菜、サラダなど30種以上
●ドリンク／[別]ドリンクバー（2種のフローズンを含む約15種）294円。90分飲み放題はノンアルコールカクテル（20種＋ドリンクバー）800円、アルコール（18種＋ドリンクバー）1200円

MEMO
●ビュッフェコーナー（野菜ビュッフェ、サラダバー、ごはんバー、フルーツバフェetc.）のみの場合は1470円
●チョコファウンテンの利用時間は19:30〜21:30

牛ロース、豚ロース、豚カルビは、「牛としゃぶ食べ放題」で。脂の甘みが口に広がる豚カルビが人気。そのほか鶏モモ肉と羽先も食べられる

| スイーツバイキング | **レストランバイキング** | +αバイキング | ホテルバイキング | 専門店バイキング |

ドリンク スイーツ 寿司 肉 中華 **エスニック** フレンチ イタリアン 洋食 和食

時間帯	制限時間	料金
ランチ	無制限	924円(大人)

1 「日替りカリー」 **2** 「タンドリーチキン」 **3** 「ラッシー」210円、「マンゴージュース」262円 **4** 鶏ひき肉のシンプルな人気カリー「チキンキーマ」 **5** インドNo.1ビール「キングフィッシャー」714円、インドワイン各1杯525円ほか

甘口から大辛まで、スパイス香る4種の本格インドカリーを焼きたてナンで

　インド人シェフが作る本格カリーが1000円以下で食べ放題とあって、男女問わず人気が高い。毎日4種が並ぶカリーは「チキンキーマ」を定番に、ほか3種は23種ある店のカレーメニューの中から日替わり。サツマイモやカボチャなどの甘みの強いカリーからスパイシーレベル10の激辛チキンカリー「デリーナハリ」まで、甘口、中辛、大辛より1種ずつセレクトされるので、子どもから辛党まで満足だ。

　シナモンやグリーンカルダモンなど25〜30種ほどのスパイスを合わせたルーは、サラサラとしていてペロリと食べやすいのが特徴。食後は甘く濃厚な「マンゴカスタード」で辛さをリセット。そのほか、ディナーでは1本588円の「タンドリーチキン」がランチバイキングでは399円で追加できるなど、各種タンドリー料理もお得に食べられる。

インド＆パークレストラン
Aladdin
アラジン

☎ **055・926・0141**

沼津市高島町28-2
頼興ビル1F
営11:00〜22:00(LO)
休水曜(祝日営業) 席32席
Pなし(ピコ21駐車券、1500円で30分、3000円で1時間分進呈)

バイキングTime
11:00〜15:00(LO)

料金
●ランチ/大人(7歳以上)924円、6歳未満105円

メニュー
●料理/カレー4種、ナン、ライス、サラダ、スパイシーオニオン、デザート
●ドリンク/[別]ソフトドリンク17種、ビール、ワインなど126円〜

Good! 店頭の窯で焼くナンは、ほんのり甘くて焼きたてパリパリの食感が楽しめる。相性ピッタリのカリーをつけて、いくらでも食べられそう

この日の日替わりカリーは、カボチャのやさしい甘さが広がる「パンプキン」、ナスやジャガイモなどの野菜がゴロゴロ入った「アルーベイガン」、トマト風味の大辛「チキンビデラバディ」

| スイーツバイキング | レストランバイキング | +αバイキング | ホテルバイキング | 専門店バイキング |

ドリンク / スイーツ / 寿司 / 肉 / 中華 / エスニック / フレンチ / イタリアン / 洋食 / 和食

時間帯 ランチ・ディナー（予約のみ）
制限時間 180分
料金 3000円（大人）

出来たてアツアツがテーブルに届く中華オーダーバイキング

　中華料理店ではみんなでいくつかの料理を注文し、取り分けて食べることが多いもの。しかし、それではそう多くの料理は楽しめない。そこで、もっといろいろな料理を食べてもらおうと5年ほど前に始めたのが、ディナータイムのオーダーバイキングだ。前菜、点心、大皿料理、麺類、デザートなど80種以上のメニューのほとんどをオーダーでき、今では夜来店する客のほとんどがオーダーバイキングを選ぶという。

　ビュッフェスタイルとは異なり、テーブルに運ばれてくるのは出来たての料理。せいろで蒸す点心や炒めものなど、アツアツを食べたい中華料理では理にかなったスタイルと言えそうだ。注文はオーダー票に書いてスタッフへ。複数回オーダーできるので最初に頼みすぎないのがコツ。人数より少なめの量で種類豊富に楽しもう。

Good！ おかわりする人もいる人気の本格「四川麻婆豆腐」。ドリンクは別料金になるが、アルコールは紹興酒も含め1杯350円とリーズナブル。飲み放題2時間または3時間をつけた宴会もお薦め

1 自慢の一品、豚肉の中華角煮「東坡肉（トンポーロー）」　2 外はカリッと中はジューシーな「上海風焼きパオズ」　3「もち米付き肉団子」はモチモチの歯ごたえ　4「旨辛担々麺」は人気ナンバーワン　5 デザートにお薦めの「マーラーカオ（中華風蒸しカステラ）」

香港飲茶酒家
リトルドラゴン

☎**054・273・7250**

静岡市葵区両替町2-7-9 第一西村ビル1F
営11:30〜15:00（14:00LO）、17:30〜24:00（23:00LO）
休水曜（祝日は予約があれば営業）　席32席　Pなし

バイキングTime
11:30〜15:00（14:00LO）
17:30〜24:00（23:00LO）
※最終入店に制限はないが、3時間前を推奨

料金
●ディナー／大人（中学生以上）3000円、小学4〜6年生2000円、小学1〜3年生1000円、小学生未満無料

メニュー
●料理／小籠包、春巻き、エビチリ、麻婆豆腐など約85種
●ドリンク／[別]中国茶、ジュース、紹興酒、ビール、焼酎、カクテルなど

MEMO
●飲み放題2時間1400円、3時間2000円がプラスできる
●ランチバイキングも要予約で可能

「エビのチリソース煮」、「牛ほほ肉の中華風ビーフシチュー」、「小籠包」など(料理の一例)。自家製調味料を使い、手間ひまかけて作る味が自慢。定番のほか季節のお薦め料理10数品が年4回登場する

| スイーツバイキング | レストランバイキング | ＋αバイキング | ホテルバイキング | 専門店バイキング |

ドリンク スイーツ 寿司 肉 中華 エスニック フレンチ イタリアン 洋食 和食

時間帯 ディナー
制限時間 90分・120分（特選牛）（国産牛）
料金（大人） （しゃぶしゃぶ）1980円～ （すき焼き）3000円～

1 しゃぶしゃぶ（国産牛、国産豚）食べ放題コース1人3980円。特選牛・国産豚の食べ放題コースは1人1980円。いずれも肉、野菜等の具材、たれ、薬味、ご飯おかわり自由　2 みんなで食べたい「すき焼き」

「しゃぶしゃぶ」と「すき焼き」おいしい肉を心ゆくまで楽しもう

　紺屋町の繁華街の裏通りにある高級感漂う外観の焼肉店。炭火焼肉の店の食べ放題メニューが、「しゃぶしゃぶ」と「すき焼き」。一般的な焼肉店の雰囲気だと、鍋物は場違いな感じもあるが、ここは京風を謳う純和風の内装なので落ち着いて鍋を囲むのにぴったり。女性客も多く、女子会やファミリーまで、若い人から中高年までと客層も幅広い。駅まで5分という近さもJR通勤者にはうれしい。

　「しゃぶしゃぶ」、「すき焼き」とも牛肉が「特選」か「国産」かで、価格と制限時間が異なるが、焼肉専門店だけに料理長も肉の味には自信を持つ。テーブル席、カウンター席のほか、掘りごたつ式の個室が5部屋。2階では最大60人までの宴会もできる。ランチタイムのメニューもハンバーグや焼肉など10種以上がある。

バイキングではないが、焼肉気分なら人気の「ハネ下ロース」（上）1400円、「和牛厚切りタン」（下）2300円を

Good! しゃぶしゃぶ1980円からというリーズナブルさ。元を取ろうと、具の追加はせず肉専門で、1人で牛肉のトレーを7枚おかわり！というのが最高記録とか

炭火焼肉・しゃぶしゃぶ処
壽
ことぶき

☎ 054・251・0608
静岡市葵区紺屋町13-2
ニュータウンビル 1・2F
営11:30～23:30 ※ランチタイムは11:30～15:00
休無休 席107席 Pなし
※目前の稲森パーキング7号利用の場合は割引あり

バイキングTime
15:00～23:30（23時以降でも団体の予約なら可）

料金
●ディナーしゃぶしゃぶ／大人特選牛・1980円、国産牛・3980円、4歳～小学生各半額
●ディナーすき焼き／大人特選牛・国産豚・3000円、国産牛、国産豚・4500円、4歳～小学生各半額

メニュー
●料理／しゃぶしゃぶの食べ放題コース（特選牛・国産牛）、すき焼きの食べ放題コース（特選牛・国産牛）
●ドリンク／[別]生ビール、ワイン、日本酒、焼酎など

MEMO
●バイキングに＋1800円で飲み放題

壽／レストランバイキング　72

すき焼き(国産牛)食べ放題コース1人4500円。特選牛の食べ放題コースは1人3000円。いずれも肉、野菜等の具材、卵、ご飯おかわり自由

| スイーツバイキング | レストランバイキング | +αバイキング | ホテルバイキング | 専門店バイキング |

ドリンク スイーツ 寿司 肉 中華 エスニック フレンチ イタリアン 洋食 和食

時間帯 ランチ・ディナー（ランチは土・日曜のみ）
制限時間 90分
料金 2990円〜（大人）

異国情緒満点！ 目の前で切り分けられるブラジリアンBBQシュハスコを堪能

店内に広がるジューシーな肉の香りはブラジリアンBBQ「シュハスコ」の醍醐味。香ばしく焼かれた牛・豚・鶏は、味付けはシンプルに岩塩のみ。肉本来の味を堪能することはもちろんのこと、せっかくだから異国のBBQを楽しもう。目の前で切り分けてくれるパフォーマンスはジャパニーズ焼肉ではなかなか味わえない。

ビュッフェコーナーも充実しており、豆料理「フェジョン」、豚の尻尾や足が入った煮込み料理「フェイジョアータ」といった伝統料理のほか、「ラザニア」、「チキンパイ」、「ミートボールトマトソース煮」など豊富に取り揃えているところもブラジル料理のおもしろいところで、仕入れによって替わる料理の数々もぜひ。ありきたりなビュッフェに飽きたのなら、友達、家族と一緒にひと味違ったBBQに出かけてみては。

Good! 炭火で焼かれた牛・豚・鶏のBBQ「シュハスコ」は、串に刺さったままの状態で焼きたてをテーブルまで持ってきて、その場で切り分けてくれる。好きなものを好きなだけ食べられるのだから、肉好きにはたまらない！

Choupana 浜松店
ショウパーナ

☎ 053・472・0777
浜松市中区住吉3-23-23
営18:00〜24:00 ※土・日曜は12:00〜
休無休　席58席　P6台

バイキングTime
18:00〜24:00（月〜金曜）、
12:00〜24:00（土・日曜）

料金
●ランチ・ディナー／大人（13歳以上）2990円（＋200円でドリンクバー）、7〜12歳1180円（ドリンクバー付き）、3〜6歳500円（ドリンクバー付き）、3歳未満無料

メニュー
●料理／シュハスコ、フェジョン、フェイジョアータ、サラダ、デザートなど
●ドリンク／[別]アサイドリンク、メキシコビール、カイピリンニャ（ブラジルカクテル）など

MEMO
●食べ放題以外に、8種の肉（約400g）が楽しめる「Aセット」2000円、ボリュームたっぷりの9種の肉（約700g）「Bセット」2500円もある
●「ビュッフェコース」（シュハスコが付かないブラジル料理バイキング）1630円ドリンクバー付きもある

❶日替わり料理なのでいつ来ても新しい味に出会えるはず　❷ブラジルの肉じゃがが「カルニジパネーラ」、チーズたっぷりの「ラザニア」ほか　❸ブラジル料理「フェジョン」（豆）、「フェイジョアータ」（煮込）　❹「シュハスコ」いろいろ　❺デザートいろいろ

広々した店内にはブラジリアンミュージッ
クが流れ、ゆったりと時間を刻んでくれる。見
た目よりヘルシーで女性でもペロッと簡単
に食べることができるそう。「シュハスコ」は
スタッフが1枚1枚丁寧に切り分けてくれる

| スイーツバイキング | レストランバイキング | +αバイキング | ホテルバイキング | 専門店バイキング |

ドリンク **スイーツ** 寿司 肉 中華 エスニック フレンチ イタリアン 洋食 和食

時間帯	制限時間	料金
終日	60分	1380円

1 北海道産クリームチーズ100％の「北海道なめらかチーズケーキ」 2「チョコ生ケーキ」 3「イタリアンショートケーキ」

ふわふわのスポンジと自家製クリーム、笑顔がこぼれるいつものケーキ

　年齢を問わず誰からも愛される不二家のケーキ。県内の「フレッシュケーキ食べ放題」実施店の中でも種類が豊富な富士高嶺町店では、30～40種ほどのケーキが食べられる。1ホールに23個のイチゴとたっぷりの生クリームを使った「イタリアンショートケーキ」は、30年以上変わらない、不二家の代表ともいえるケーキだ。そのほか、なめらかな舌触りが評判の「北海道なめらかチーズケーキ」は、リピーターが多く、チョコムースとスポンジのやさしい甘さの「コロコロくまさん」は、そのかわいらしさで子どもに人気。数量限定の季節のケーキもあるので、早めの来店がお薦めだ。ペコちゃんとの写真撮影とデザートがもらえる「バースデーサービス」も要チェック。※ケーキの数量には限りがあるので売り切れの場合も。食べ放題は本人のみで、取り分けは追加料金となる。

Good! ペコちゃんのぬいぐるみ＆陶器のバースデーケーキ＆ダンシングペコちゃん人形と一緒に写真撮影。さらに食後にデザートサービスなんてことが体験できるのは、年に1回だけ（誕生日の前後5日、予約不要、年齢制限なし※店内注文に限る

不二家 富士高嶺町店
ふじや

☎0545・53・1015

富士市高嶺町3-5
営 10:00～24:00(23:00LO)
休 無休　席 96席　P 26台

バイキングTime
10:00～24:00(23:15LO)

料金
●1380円(1品714円以上の食事注文で980円に)、3歳以下無料

メニュー
●スイーツ／フレッシュケーキ約40種
●ドリンク／[込]14種のティーバッグやソフトドリンクなど約30種
[別]不二家ネクター、はちみつレモンスカッシュなど

MEMO
●三島駅前店でもバイキングが楽しめる(☎055・971・2280)10:00～21:00(20:00LO)約30種
●沼津駅ビル店でもバイキングが楽しめる(☎055・963・2635)10:00～20:00(バイキングは1200～18:30LO)約20種

不二家／スイーツバイキング　76

ゼリーでコーティングしたイチゴがぴっしりの「苺のタルト」（上）。ショーケースに並ぶすべてのカットケーキが食べ放題。ショートケーキをはじめ、チーズケーキやチョコケーキ、タルト、モンブラン、シュークリーム、プリンなど、ほっとする昔からの味が多い

※写真はイメージ。ケーキの内容は季節により異なる

| スイーツバイキング | レストランバイキング | +αバイキング | ホテルバイキング | 専門店バイキング |

ドリンク **スイーツ** 寿司 肉 中華 エスニック フレンチ イタリアン 洋食 和食

時間帯	制限時間	料金
終日	90分(平日) (土・日曜、祝日、クリスマスシーズン、春休みなどは70分)	1480円(大人)

1 バースデーパーティーを予約すると店からプレゼントされるバースデープレート ※写真はイメージ
2 ベイクドチーズケーキ　3 ポップコーン　4 レアチーズケーキ

休日は甘党女子がワンサカ！
イベント、季節の変化も楽しい

　大阪発祥、全国に33店舗ある「スイーツパラダイス」。自販機で食券を買って入ると、30種近いスイーツたちが色鮮やかに出迎える。この瞬間にスイーツ好きなら一気にテンションが上がって「ヤッホウ！」と声を上げないまでも笑顔になること間違いない。定番スイーツのほか、季節限定、月替わり、クリスマスやバレンタインデーなどイベント時期限定スイーツなど、顔ぶれが変わるのも楽しい。オープン周年記念（この店は毎年3月）にはスペシャルケーキも登場する。

　休日の昼間は女子中高生でかなりのにぎわいとなるので、甘党男子は平日訪れる人が多いとか。どうぞ気がねなくスイーツ三昧を！そしてカロリーの気になるお年頃の女子も、たまにはどっぷり楽しもう。仕事の疲れやストレス解消にもキキメがあるかも。

クリスマスにはホワイトチョコ、お正月には抹茶チョコ、バレンタインにはイチゴチョコに変身するチョコレートファウンテン

Good! パスタ（写真は明太子パスタ）、炊き込みご飯、カレー、サンドイッチ、スープの食事メニューもあるので、本腹を満たした後で別腹に取り組める

スイーツパラダイス

☎ 054・903・8861

静岡市葵区紺屋町6-7
静岡パルコ7F
営 11:00～22:00(最終入店 20:50)
休 無休(パルコ休店日以外)
席 76席　P 静岡パルコ契約駐車場あり

バイキングTime
11:00～22:00(最終入店 20:50)

料金
● 大人（中学生以上）1480円、4歳〜小学生840円、3歳以下無料

メニュー
● スイーツ／ふわふわショートケーキ、ベリーのケーキ、ソフトクリームなどの和洋の甘味が約30種
● 料理／パスタ、サンドイッチ、カレー、炊き込みご飯、スープ
● ドリンク／[込]コーヒー（カプチーノ、フレーバーコーヒーなど）、ココア、紅茶、ウーロン茶など約20種以上
[別]発泡酒

店に入るなリズラリ30種の色とりどりのスイーツがキラキラとお出迎え！（ショーケース写真はイメージ）

（下）一番人気の「ふわふわショートケーキ」と、「プリンロール」、「チョコレートケーキ」、「ベリーのケーキ」

79

5月中旬 NEW OPEN!

ランチはビュッフェ、午後はカフェ、夜は夜景とバル料理で大人タイム

　静岡 新聞放送会館17階に、2012年5月、眺望を楽しみながら、グローバルフードがゆったりと味わえる、ニューヨークスタイルのレストランがオープンする。テーマは「トラベル」。世界を旅するように料理が味わえる。

　昼はビュッフェスタイルのランチ、15時からは本格エスプレッソとスイーツが魅力のカフェ、そして夜は日本のクラフトビールや日本産ワイン、日本酒などとバール料理、グリル料理でゆったりと…。時間帯に応じてその顔を変える、使い方いろいろのレストランだ。ランチタイムは前菜、スイーツがビュッフェスタイルで、メインは肉料理、魚料理、パスタなどからチョイスできる。

Cafe & Restaurant
Tembooo
テンボー

静岡市駿河区登呂3-1-1
静岡 新聞放送会館17F
営12:00～23:00(22:30LO)
休不定休 席128席 P40台

バイキングTime
12:00～15:00

料金
●ランチ／1500～2500円

メニュー
●料理／パスタ、肉料理、魚料理など約50種

企画・編集　静岡新聞社 出版部

スタッフ
今井理恵・海野志保子・海野由紀・奥田実紀
梶歩・鈴木香名・鈴木三千代・高岡基・瀧戸啓美
瀧本和人・竹内としみ・永井麻矢・溝口裕加
宮崎年史

フォーマットデザイン
komada design office

レイアウト
エスツーワークス

ぐるぐる文庫　食べ放題本

2012年4月20日　初版発行

著　者　静岡新聞社
発行者　松井純
発行所　静岡新聞社
〒422-8033　静岡市駿河区登呂3-1-1
TEL 054-284-1666

印刷・製本　株式会社DNP中部
©The Shizuoka Shimbun 2012 Printed in japan
ISBN978-4-7838-1930-1 C0036

＊定価は裏表紙に表示してあります。
＊本書の無断複写・転載を禁じます。
＊落丁・乱丁本はお取り替えいたします。